明治大帝の誕生

帝都の国家神道化

島薗 進

春秋社

明治大帝の誕生——帝都の国家神道化　目次

明治大帝の誕生——帝都の国家神道化

プロローグ

神聖天皇崇敬が神社の形をとる

一九二〇年に鎮座祭が行われた明治神宮は、明治天皇と昭憲皇太后を御祭神としており、神聖天皇崇敬が神社の形をとったものである。しかも天皇の死後、すぐに設立が決まり、「帝都」の域内に、広大な敷地を得て造営が開始された。そこは江戸時代は彦根藩の井伊家の下屋敷だったが、明治維新後に国が接収し南豊島御料地として皇室のものとなっていた。

天皇が神として祀られた神社はいくつもあるが、亡くなったばかりの天皇の神社が一〇年ばかりの間に、首都に威容を現出するに至るというのは他に例がない。明治天皇が歴代の天皇の中でも例外的存在であることは、この天皇だけが「大帝」とよばれたことからも知られる。飛鳥井雅道『明治大帝』（筑摩書房、一九八九年）は「第一章　一九一二年暑い夏」でその例外性を強調している。

八月十日印刷、十五日発行、大日本国民教育会『明治天皇史』もいった。明治は出発点では「内外岌々乎《きゆうきゆうこ》として、是れ危かりし也」。それが「東洋第一の大帝国」になった。明治天皇は、神武・景行二天皇に比すべきであり、「人或は、陛下を以て、独逸帝国の創造者の一人たる維廉《ウヰルヘルム》老帝に比し奉る」。

明治天皇を神武・景行・天智・後醍醐に比し、外国ではヴィルヘルム、ピョートルに対比する論法は、一九一二年、天皇の死の直後に、すでに大衆的にひろがっていた。(四ページ)

「大帝」とする賛辞は史的実在性が確認できる天皇では、天智・後醍醐と同等ということだが、それにとどまらない。七月三一日付の『大阪毎日新聞』には京都帝国大学の国史学教授、三浦周《みうらひろ》行《ゆき》による「嗚呼明治聖天子」と題するコメントが掲載されていた(同前、三ページ)。

武家政治の顚覆だけなら後醍醐天皇がいた。「さりながら建武の中興はわづかに二年にして頓挫」した。むしろ天智天皇が「大化の改革」で蘇我父子を誅し、「支那の制度を採用せられて内政の整理」をおこなったことが明治天皇と似ているといえるが、天智の場合は「朝鮮の背反せるあり」、「国威を海外に宣揚せられしとは申し難し」。

明治は、「極東の一孤島」が「世界強国の一」となった奇蹟だとヨーロッパ人はみなしており、「陛下の御生涯も亦実に奇蹟を以て満たされ」、「もし欧州の帝王にて在すならんには、必ずゼ、グレートと冠し奉る英主に在《まし》ま》す御方なりしなり」と。

まさに植民地支配を広げた「大日本帝国」の天皇として、天皇の歴史においても類例のない「大帝」とされたのだ。

帝都東京の中心的国家神道施設

このような「大帝」にふさわしい神社として明治神宮は造営された。その国家的決断は早かったが、そこには「帝都」東京において、人々が参詣できる国家神道施設が欠けているという事実が介在していた。このことを明確に示したのは、平山昇『初詣の社会史』（東京大学出版会、二〇一五年）である。平山は一九二一年の元旦、明治神宮に初めての初詣参拝者が訪れたときの新聞記事を引いて、こう述べている。

注目したいのは、東京市民はこれまで「初詣の中心神社」「初詣りをする立派なお宮」をもっていなかったが明治神宮によって初めてそれを手に入れた、という指摘である。（中略）なによりも、明治期（とくに明治後期）には、神社などなくても明治天皇というカリスマが東京の帝都としての精神的主柱の役割を十分に果たしていた。

ところが、いざその天皇がこの世を去り、さらにその天皇の陵墓すら東京に設けることがかなわないということが明らかとなると、ここにおいて初めて東京に特別な求心力を有する国家的神社が存在しないという事実が明確に認識されることになった。（一三八ページ）

そして、明治天皇死去直後から新聞各紙に多数掲載された明治神宮創建論のなかから、『やまと新聞』の伊沢修二談話、「元来東京に遷都ありてより歳月未だ久しからず。帝都人民の崇拝の中心となるべき神社の存在せざるは遺憾の次第と云はざるべからず」（一九一二年八月五日）というものを紹介している。

明治神宮と明治聖徳記念絵画館

生ける明治天皇と死して祀られた明治神宮は、カリスマの宿る存在として連続している。明治神宮は神聖天皇と神社が一体化した礼拝施設となる。国家神道において神聖な天皇こそが重要な尊崇対象であることが、明治神宮創建によって露わになる。帝都東京において、それは際立っていた。

明治神宮の外苑はもと大名の青山氏（徳川家譜代で丹波篠山藩、美濃郡上藩などを領地とした）の屋敷地だったが、明治維新後、青山練兵場となったところだ。外苑には明治記念館、運動場、野球場などが設置されたが、その中心施設は明治聖徳記念絵画館である。明治天皇の大喪の礼の葬場殿の跡地に、一九二六年に竣工した建物である。明治天皇と皇后（昭憲皇太后）の生涯と事績を描いた八〇枚の絵画が陳列されている。正面向かって右側が日本画、左側が洋画であわせて八〇人の画家によって描かれたものである。現在、この施設が外苑の中心的な施設であることは感じ取りにくくなっている。かつては絵画館の前に広がる大きな広場があり、絵画館に向かう長いまっすぐな道があった。今もまっすぐな道は残り、三〇〇メートルの間に一四本のいちょう並木が続いている（明治神宮外苑編『聖徳記念絵画館オフィシャルガイド』東京書籍、二〇一六年）。現在は絵画館前の広場のすぐ向こうに野球場などがあって、絵画館はその裏に隠れているようにも見えるが、竣工時から敗戦までの情景を想像してみる必要がある。

絵画館に展示される明治天皇の生涯を表す絵画は「聖徳」を表すものである。天皇の「聖徳」

を示そうとする書物や特集刊行物は一八九〇年頃から出始めるが、明治天皇の崩御によって桁違いに増大する。教祖や宗祖や聖者が死亡して、教祖伝・宗祖伝・聖者伝が数多く作られていくように、明治天皇の死によって聖徳論が一気に熟成されていく。神聖天皇がパターン化され、人々の心に強く焼き付けられていくのだが、明治聖徳記念絵画館は明治天皇の聖なる事績の標準パターンを定めるような機能をもった。そして、それは現在に至るまで引き継がれている。教祖伝、宗祖伝、聖者伝（その絵画版、絵巻版）を彷彿とさせるものだ。

『絵画と聖蹟でたどる明治天皇のご生涯』（打越孝明著・明治神宮監修、新人物往来社、二〇一二年）は、絵画館の八〇の絵画について解説を加えているが、七三「凱旋観艦式」を見てみよう。

　明治三十八年（一九〇五）一〇月二十三日、横浜沖において連合艦隊の凱旋観艦式が行われ、天皇は御召艦《おめしかん》「浅間」に乗艦してご親閲になりました。（中略）

　ご親閲を終えた天皇は、東郷長官をはじめとして各艦隊の司令長官や幕僚を御召艦に召し、凱旋した海軍諸艦の誉れを称えるとともに、今後の帝国海軍の発展に尽力するように、との勅語を下されています。

　　仇波をくだきし艦《ふね》をことごとく横浜沖にみるがいさまし
　　いさぎよくかちどきあげて沖つ浪かへりし船を見るぞうれしき

観艦式に際して読まれた御製《ぎょせい》です。戦争中、天皇は宸襟《しんきん》を悩まし続けられてきましたから、困難な戦いをくぐり抜けて凱旋した海軍の諸艦艇をご覧になり、さぞや安堵されたことでしょう。

『絵画と聖蹟でたどる明治天皇のご生涯』には加えて、日露戦争連合艦隊司令長官、東郷平八郎（一八四八―一九三四）を神として祀る東郷神社の写真が掲載されており、「聖蹟に行ってみませんか」として東郷神社の地図が付されている。

国家神道の強化と神聖天皇崇敬の深まり

こうして明治神宮は帝都の国家神道の主要な礼拝施設となり、外苑の中心には神聖な崇敬対象としての明治天皇の生涯を表した聖徳記念絵画館が位置することとなった。これは、神聖天皇の崇敬が大日本帝国の威光にふさわしいものとなり、国家神道の空間秩序が帝都東京の中心に現出したことを示すものである。そして、すでに一九一九年、明治天皇は天照大神とともに朝鮮半島の総鎮守、官幣大社朝鮮神社（一九二五年、朝鮮神宮と改称）の御祭神ともなっている。帝国の神社にふさわしい国家神道施設だった。

だが、このような神聖な明治大帝の表象や国家神道的な礼拝様式の浸透は、明治天皇の死後、急速に形成されたものではない。明治維新以後、国民に神聖天皇崇敬を広めていく過程があり（拙著『神聖天皇のゆくえ』筑摩書房、二〇一九年）、とくに日露戦争以後、それが一段と進み、帝国にふさわしいものとして国家神道の確立へと進む過程があった。帝都東京にも、「天皇の祭祀」が行われる皇居や「天皇の軍隊」の戦死者を祀る靖国神社があったが、この時期の帝都東京における神聖天皇崇敬の高揚は顕著だった。本書はこの日露戦争から明治天皇の死へ、そして明治神宮の創建へと進む時期を取り上げ、神聖天皇崇敬の深まりと、確立期における国家神道がどのようにして国民に広められたかを見ていこうとするものだ。

ここで、「国家神道」という用語と「神聖天皇」、あるいは「神聖天皇崇敬」という用語の使い分けについて述べておきたい。祭政一致の理念の下、天皇の祭祀を最上位に位置づけ、伊勢神宮以下の神社神道祭祀を国民国家統合の精神基盤としようとする体制が国家神道だ。この国家神道には天照大神の神勅に基づき、天孫降臨と神武天皇即位以来の神聖王権が続くとする神権的国体論が伴う。

だが、神聖天皇への崇敬は神社神道だけが主要な担い手であったわけではなく、むしろ学校や軍隊や祝祭日の体系や皇室の慈恵やメディア等を通して広められた面が大きい。これらも広く「国家神道」という語に包摂させることもできる。現に拙著『国家神道と日本人』(岩波書店、二〇一〇年)ではそのような用語法をとっている。だが、「宗教」や「神道」を狭く捉える人にとってはそうした用語法に抵抗があるようだ。「国家神道」という用語を用いずに、「神聖天皇」への崇敬として叙述した方が広範囲の受け手に理解されやすい場合がある。

そこで、本書では「国家神道」と「神聖天皇」「神聖天皇崇敬」とを併用している。「国家神道」という語は宗教の側面から捉えるときに用いやすく、「神聖天皇」「神聖天皇崇敬」は社会に浸透した行動様式・思考様式を表すのに適している。だが、両者を厳密に区別することはできない。国家神道の中核には神聖天皇への崇敬があるからだ。というわけで、双方の用語を重複して用いつつ、適宜使い分けている。

本書のねらい

本書のねらいは、国家神道や神聖天皇崇敬がどのように人々に浸透し、社会生活を規制していったかを捉えることにある。登場するのは近代日本社会のさまざまなエージェントである。政治家や有力者、治安当局、学者や作家や知識人、軍人、報道に携わる人々や組織、群衆、さまざまな階層の人々などである。だが、天皇自身はあまり登場しない。天皇や皇后は表象される存在としてはきわめて重要であるが、自らの意思で行動する存在として果たす役割は大きくはなかった。

そして、この書物で取り上げる日露戦争以後の段階では、国家神道や明治維新後の天皇崇敬システムはすでにその基礎が作られている。この時期に起こったのは、すでに基礎が形成されている国家神道や天皇崇敬システムが、列強に伍すると自覚された帝国の国家体制にふさわしく、その勢いを強め国民生活を広くおおっていく過程である。昭和期に進行する全体主義的な動向の前提となる人心や思想の動きは、すでにこの時期に固められていた。そのように捉えられる。昭和の全体主義は明治期にその人的社会的基盤が形作られていた。

二一世紀の現代に生きる私たちは、かつての国家神道や天皇崇敬システムにかわって全体主義につながるような人心や社会動向が、どのように形成されていったのか、よくよく振り返っておく必要がある。また、そのような全体主義体制に陥らないための人の生き方や社会のあり方がどのようなものかをよく考え、共有できる歴史認識を育てていかなくてはならない。第二次世界大戦における日本の壮大な「失敗」をもたらしたものが何かを見定めておくことは、第二次世界大戦後の日本のあり方を理解する上でもたいへん大きな意義がある。本書はそのような反省的認識の熟成に寄与することを願っている。

第1章　明治天皇崩御と国家神道の新たな展開

明治から大正への代替わり

令和という元号が決まり、時代の変化への意識が高まりつつある。近代日本は、明治、大正、昭和、平成、そして令和という五つの元号にそって時代の流れを捉える機会が増えるだろう。

二〇一九年は、明治維新後、四回目の天皇の代替わりの年となる。最初の代替わりは一九一二年、今から一〇七年前のことだ。この一九一二年の代替わりは、他の三回の代替わりのモデルとなったが、日本の精神文化史上の意義はその後の三回とは比較にならないほど大きなものだった。

それは天皇が、崩御後、短期に神となったことからもわかる。その決定は早かった。明治天皇の神聖性はいやが上にも高まった。そして、それに続いて、大喪の礼に際して乃木希典夫妻が天皇のあとを追って自死することによって一段と強化された。明治天皇の「聖徳」を讃える書物が次々に刊行された。

だが、明治天皇の神聖化や聖徳を讃える傾向は、一九一二年に突然、生じてきたわけではない。

天皇の神聖化は長い歴史をもつが、明治維新以後、急速に国民的な規模で進行するようになった（拙著『神聖天皇のゆくえ』）。その動きが大規模になり、全国民を巻き込むものとなるのは日露戦争以後のことである。そして、神聖天皇崇敬は一九一二年、爆発的な高揚を迎える。

明治時代の三八年間、日本に滞在した日本研究者、バジル・ホール・チェンバレン（Basil Hall Chamberlain 一八五〇―一九三五）は、明治から大正への転換の年、一九一二年に「ある新しい宗教の発明」（The Invention of a NewReligion）という論文を公刊した。ここで新宗教とよばれているものは、神道の資源を引き継ぎながら新たに作り上げられた天皇崇敬のシステムを指している。一九八三年にエリック・ホブズボウムとテレンス・レンジャーが刊行した『創られた伝統』（紀伊国屋書店、一九九二年）は、近代の国民国家の儀礼を取り上げて「伝統の発明」（invention of tradition）の語を広めたが、チェンバレンの「ある新しい宗教の発明」はそれを先取りするような捉え方だ。

B・H・チェンバレン（パブリックドメイン）

チェンバレンは新たに形成されてきた「ミカド崇拝」や「日本崇拝」があたかも古代に由来するものであるかのように装っていることに注目している。この捉え方の先駆性を指摘するタカシ・フジタニは、『天皇のページェント――近代日本の歴史民族誌から』（NHK出版、一九九四年）にチェンバレンの論の一節を抜き書きしている(四ページ)。

いかなる製品もその材料を、また、いかなる現在もその過去を、それぞれ前提としてもっている。しかし忠誠・愛国という二〇世紀の日本の宗教はまったく新しい。というのも、その宗教のなかでは以前から存在する考えがふるいにかけられたり、変形させられたり、新規に組み合わされたり、違った用途に使用されたり、新しい重心を見出したりしたからである。新しいばかりか、未完成でもある。それはまだ政府の指導者たちの手によって、彼らの、さらには国民全体の利益となるべく、意識的もしくは半意識的に作り上げられる過程にある。

フジタニは明治時代の後期にこの「新しい宗教」が形を整えていく過程について、興味深い考察を行った。だが、今、私が関心を向けようとしているのは、明治後期のさらに最後の数年と一九一二年以後のことである。明治天皇の生涯という作品が完成されたとき、この「新しい宗教」は新たな段階に入ることになる。

一九一二年の集合的沸騰と「聖徳」

この年の七月三〇日に明治天皇は崩御するが、その葬儀の日、九月一三日に乃木希典夫妻は自らその命を絶った。その年の一一月には、宗教学者の加藤玄智が『神人乃木将軍』(菊地屋書店)という書物を刊行している。その末尾の一節は以下のとおりだ。

既に誠と云ふことが、明治天皇陛下の治国安民の根本的御精神であつて、其の御精神通りに、誠の権化、誠の化身とも謂ふべき乃木将軍を御養成遊ばすに至つた　明治天皇陛下の御盛徳は如何に高大でありましたか、実に申すも可畏次第であります。先帝陛下にして斯の如き御盛徳のありました為めに、将軍の如き、至誠の化身権化とも謂ふべき人が出たことと思ふのであります。将軍が忠義の死に依つて　先帝陛下の御盛徳を敬慕し奉ることのよすが益々鮮明になり多くなつたことを有難く思ひまして、此の点からも将軍の死に無限の感謝をさゝげる次第であります。此点より見ましても将軍の死や是れ尋常一様の自殺殉死でなくして、真に耶蘇十字架の磔刑《たつけい》と同じく、義死であり忠死であり、献身的犠牲的の死であると云はなければなりませぬ。（二〇四―二〇五ページ）

大正元年に「神人」を讃え、また「神人」が誠を捧げた天皇を讃えることのような書物が刊行されたことは、宗教言説の歴史という面からも興味深い。チェンバレンは明治天皇の死と乃木希典の殉死をめぐる日本の国民の「集合的沸騰」（エミール・デュルケム『宗教生活の原初形態』上下、岩波書店、一九七五年、原著、一九一二年）を知る前に「新宗教の発明」について語っていた。だが、チェンバレンが注目した「新しい宗教」と、加藤玄智が注目した乃木の「誠の化身」の宗教性がともに天皇崇敬を基軸としたものであることはまちがいない。

加藤玄智の『神人乃木将軍』の発行日は一九一二年一一月一日となっているが、その直後の一一月三日「明治聖帝天長の大節」に、加藤の尽力によって明治聖徳記念学会が設立されている。戦後は休会となったが、一九七五年「加藤玄智博士記念学会」が立ち上がり、一九八八年にそれ

加藤玄智（東京大学宗教学研究室提供）

を継承して再発足している。そのオフィスは明治神宮内にあり、現在、研究例会を行い、『明治聖徳記念学会紀要』を刊行している。再発足以前は、『神道研究紀要』と題されていたものである。

現在の明治聖徳記念学会のホームページに掲載されている「明治聖徳記念学会趣意書」には、次のように記されている。

> 時偶々　明治聖帝の登遐《とうか》に遇ひ奉り全国民を挙げて中々の至情禁ずる能はざるものあり、貴賤老少各その分に応じて争ひて、哀悼の赤誠を捧ぐ、是れ我等亦聖帝洪恩の万一に酬い奉らんとする微衷《びちゅう》、こゝに新に明治聖徳記念学会なるものを組織し、内に在りては、深く日本の精神的文明を研究して能くその科学的の精緻透徹を致さんと期すると同時に、外に向ひては、その研究結果を内外文の紀要に公表して、彼れ外人をして我日本の真相を会得せしむるに至るの一助たらしめんことを切望して已まざる所以なり

「登遐」は「遠い天に登る」という意味で天子の崩御を指す言葉だが、滅多に用いられないこうした言葉を用いることで亡くなった天皇の神聖さがことさらに強調されている。「聖帝」、「聖徳」の語も天皇の神聖さを印象づける用語である。先に引いた『神人乃木将軍』では、「御盛徳」となっていたが、これは講演筆記のために「盛」の字が用いられたもので、加藤玄智は「聖徳」を意味していたと思われる。

天皇の聖徳論の由来

「聖徳」という言葉は現代日本人にはやや縁遠くなってしまっている。「しょうとく」と読んで聖徳太子を思い起こす人は多いと思うが、明治天皇と結びつけて考える人は少ない。だが、明治神宮外苑に親しみのある人なら、そこに「聖徳記念絵画館」があるのを知っていることだろう。これは明治天皇の生誕から崩御までの出来事を、「画題」の年代順に前半を日本画四〇枚、後半を洋画四〇枚の壁画で展示したもので、明治神宮の造営に連動して企画され、一九二六年にできあがったものだ。

大正天皇や昭和天皇について「聖徳」という語を付して語ることはあまりない。ということは、天皇の聖徳を讃える文化は明治天皇と皇后に対してとくに起こったユニークな現象ということになる。そういえば明治神宮は造営されたが、大正神宮や昭和神宮は造営されていない。おそらく平成神宮の造営もないだろう。ならば、明治天皇は特別に尊い天皇であり、神宮が造営されたほどだから「聖徳」が讃えられたのも不思議ではないかもしれない。

では、明治天皇の聖徳についての語りは、いつ頃始まり、どのように広められていったものなのだろうか。明治期から大正期にかけて生じた「新宗教の発明」の経過を知るためには、この問いへの答えが大いに役立つだろう。

佐藤一伯の『明治聖徳論の研究――明治神宮の神学』（国書刊行会、二〇一〇年）は、まさにこの問いに答えてくれる重厚な研究書である。佐藤によると、ある時期から「聖徳録」やそれに類

聖徳記念絵画館全景（聖徳記念絵画館提供）

する題を冠した書物や雑誌特集などが刊行されるようになり、次第に数が増えていく。天皇だけではなく皇后についても似たようなことが起こる。「聖徳」「至誠」「聖恩」「叡聖文武」（皇后は「慈愛荘婉」）「宸襟《しんきん》を悩ます」「一視同仁」などの語で天皇皇后の徳を讃える例はそれ以前からあったが、「聖徳録」とよべるようなまとまりをもった叙述の最初の例は、一八九一年一一月の『萩の戸の月』である。これは新聞『日本』の附録として刊行されたもので、一六ページの特集だった。

「萩の戸の月」というのは、一八九〇年の御製（天皇の和歌）に「萩の戸の露に宿れる月かげはしづか垣根もへだてざるらむ」とあるのに拠ったものだ。「萩の戸」は平安京の内裏にある清涼殿の一室の名で、広く宮中の庭の意で用いられている。この歌の意義を、「一視同仁の御心、いともかしこし」と紹介されている。明治天皇は「萩の戸の月」の静かな光が「へだてがない」というところに、民の生活の安らかなことを願う、あるべき天皇の姿を見たのだろう。『萩の戸の月』の書き手は、その歌を明治天皇の仁慈への意思（大御心《おおみこころ》）を表すものとして受け止めている。『萩の戸の月』は一八九〇年の天長節を奉祝するための附録として企画されたもので、一〇日ほど前から掲載されていた予告には「此の附録は畏くも　今上陛下の乾徳に関する御事の一斑を記し奉りたるもの、世人と共に永く記憶して聖明の代に生れたるの幸福を祝せんとの微意に出づ」と述べられていた。明治天皇崩御のおよそ二二年前のことである。

第2章　明治聖徳論の展開と天皇崩御

「聖徳」論の歴史的展開

大正元（一九一二）年は明治天皇の「聖徳」という観念が国民に大きく広まった年だった。宗教学者の加藤玄智によって明治聖徳記念学会が発足させられたのは、そのことをよく示すものだろう。だが、「聖徳」を讃える言説が、明治天皇の崩御後に急速に生まれ育ったというわけではない。佐藤一伯の『明治聖徳論の研究』（二〇一〇年）にそって、「聖徳論」の歴史をたどっていくと、一八九一年の『萩の戸の月』にまで遡る。わずか一六ページほどのものだが、初めてのものだからその意義は大きい。

佐藤の紹介を引く。冒頭で「余輩が特筆して宇内に比類なしといふは、現在の吾　天皇陛下の叡聖仁慈にわたらせたまふ乾徳《けんとく》（島薗注—天の徳、天子の徳の意。聖徳に等しい）にぞありける」とある。そして、「おもふに、九重雲深《ここのえくもふかし》。余輩草莽《よはいそうもう》の民、いかで悉《ことごと》く伺ひ知ることを得ん。たゞ年来心にとめて、伝へ承れるはしはしを記して、本日を祝ふしるしとなすのみ」と続けている

（四五ページ）。

この後、「立憲政体に御熱心なる事」、「政務に御励精あらせられ厚く国民福利をおぼしめさるゝ事」、「宮禁厳粛なる事」の三節に分けて逸事が収録されている。たとえば、「立憲政体に御熱心なる事」では、「憲法草案の枢密院会議に欠かさず臨御され、昭宮猷仁親王《あきのみやみちひと》（明治天皇第四皇子）薨去《こうきょ》の知らせがあった際にも、「構《かまい》なく議事をつゞけよと仰出《おおせいで》」があり、議長は議事が一段落した後、散会を宣言した」ことがあげられている。公務に着く高位の者として、私情を抑えた尊いふるまいということだろう。

「政務に御励精あらせられ厚く国民福利をおぼしめさるゝ事」では、「周知のとおり露国皇太子殿下御遭難の際には、宵衣旰食《しょういかんしょく》（夜の明けきらないうちから礼服を着、日が暮れてから食事をとること）の御労苦により、「陛下の御指揮のみにて、何事も決」した」こと。「宮禁厳粛なる事」では、「お手回りの品々は好みなく倹素を旨とされる」。「世界文明の度」において欧州各国に劣るとも、この「帝室の美徳」はどこに類例があろうか。「おもふに叡聖仁慈《えいせいじんじ》の、天皇上《かみ》にあり、忠良義勇の臣民下《しも》にあり、吾国の将来、誰か望みなしとやはいふべき」といったものである（以上、四五―四六ページ）。

天皇の像が大きく迫ってくる過程

『明治聖徳論の研究』には、続いて、一八九三年の宮本政躬著『天皇陛下皇太子天下御聖徳』

（刊行者、辻本秀五郎）、一八九四年の原田真一編『銀婚聖典』（岡島支店刊行）があげられている。後者の本文の筆者は、大槻修二（如電）である。その「緒言」には、天皇への崇敬は江戸時代の将軍や藩主への忠誠を引き継ぐもので、自分はそれで納得している。だが、そうは言っても「今の時代に生まれし青年者等は君と臣とのけぢめ痛く隔た」っている。だから、「やゝもすれば民権とか云へることなど取りひがめ」てしまうようなこともあるようだ。そこで、「天皇の御徳と御恵とを我家の児等の心に染め」させるため、「人の人たる道のしをりともなるべし」とこの書をまとめたのだという（五一ページ）。この頃には、明子《はるこ》皇后（昭憲皇后）の「坤徳」について述べた書物も刊行されるようになる。

この時期は「教育勅語」が煥発されてさほど時を経ておらず、国民は天皇を崇敬するという儀礼的チャンネルをあまりもっていない時期だった。やがて、学校で頻繁に「教育勅語」が読まれ記憶されるようになる。修身の授業で天皇や皇室について学ぶようにもなる。また、御真影に対する拝礼もなされるようになる。そして、日清戦争や日露戦争を通して、大元帥である天皇の指揮のもとに国をあげて戦い、勝利する。祝賀の祭典には多くの人々が繰り出す。国と天皇のために戦った多くの軍人・兵士が死亡し、靖国神社に祀られる。臨時大祭では天皇が自ら死者の霊に祈るし、戦没軍人・兵士と天皇が対峙する。

さらにまた、タカシ・フジタニが『天皇のページェント』で述べるように、さまざまな儀礼的機会に天皇は人々の前に姿を表し、国民は群衆としてそうした姿に向き合うことになる。「聖徳」

は天皇のあれこれのすぐれた行為というより、輝かしい偉大な、しかし身近でもある帝王の像として人々の心に焼き付けられていった。

神聖な天皇の和歌、「御製」の登場

この間に聖徳録もその性格を変えていく。日露戦争時には、天皇の御製、皇后の御歌が頻繁に紙面を賑わせるようになる（九一―九七ページ）。徳富蘇峰主宰の『国民新聞』には一九〇四年一一月七日、「御聖徳の一端」と題して三首の御製が紹介される。

こらはみないくさのにはに出ではてゝ翁やひとり山田もるらむ
ちはやふる神のこゝろにかなふらむわかくに民のつくす誠は
四《よ》の海みなはらからとおもふ世になと波風の立さわぐらむ

そして翌日の社説で『国民新聞』はこう述べる。「吾人が前号の紙上に於いて、敬録の栄を辱《かたじけな》ふしたる、御製の三首は、単り帝国臣民の心胸を躍らしむるのみならず。併せて世界列国国民をして、我が天皇陛下の聖徳を仰がしむ可き、高調を発揮したるを信ず」。

りっぱな歌なので、世界列国の国民を感動させるような聖徳が現れているという。そして「天皇陛下の大御心を中心とし、一国の人心、悉く皆な之に向て一致する」ことこそが、真実の「挙国一致」だと強調している。

『国民新聞』はこれを皮切りに、以後もしばしば御製と皇后の御歌数首を紙上で紹介した。他紙

も追従するように掲載を開始するが、とくに大きく取り上げたのは一九〇五（明治三八）年三月二八日の『東京日日新聞』で、「玉の御声」という記事に御製《ぎょせい》二七首・皇后御歌《おうた》七首、計三四首を掲げている。紹介されている御製「をりにふれて」は次のようなものだ。

きたひたる剣の光いちしるくよにかゝやかせわかいくさ人

いかならむ薬すゝめて国のためいたておひたる身をは救はむ

山を抜くひとのちからも敷島の大和こころそもとゐなるへき

こうして次第に偉大な聖徳が讃えられるようになった明治天皇だが、崩御に至る過程でその神聖性は一段と高められていく。その大きなきっかけは、天皇の「御重態」の報道だった。

明治天皇の崩御と「大帝」という呼称

一九一二年七月二〇日、「国民は、天皇が日露戦争時に糖尿病を患われ、のちに慢性胃炎をご併発、一週間前より重患の兆しがあり、十九日午後には昏睡状態となり、尿量が減少しかつ蛋白質が増加、体温が四十度を超え、脈拍も百以上になっていることを突然知らされる」（『明治聖徳論の研究』、一二三ページ）。

二〇日の夜から二重橋前には皇居を遥拝し平癒を祈願する人々の数が次第に増えていく。二五日には午前三時頃から正午までに遥拝する者が六千二百名に及んだという。この時、新渡戸稲造はカーネギー平和基金による日米交換教授の任を終えて、日本に帰る前、欧州で夏を過ごそうとして大西洋の船上にあった。そこで天皇崩御の報に接し、シベリア横断鉄道で帰国の途についた。一ヶ月以上後になって、新渡戸は明治天皇のことについてなかなか情報が得られなかったことに触れ、「一体大帝の御事に関しては、世に漏れていることが、我国に於ても極めて少なかった」と述べている。天皇の御不例の報はそのご様子を知りたいという国民の気持ちを高めた。そのこともあって、病状が初めて報じられてから、崩御、御大喪へと至る過程で、天皇をめぐる情報が一挙に国民に身近なものになっていった。佐藤一伯はそのことが聖徳論の展開にもたらした効果に注目している。

新渡戸稲造（国立国会図書館「近代日本人の肖像」より）

「明治大帝」という表現

新渡戸の言葉のなかに「大帝」という表現があるのは注目すべきだ。飛鳥井雅道の『明治大帝』（筑摩書房、一九八九年）によると（一―三ページ）、この表現が用いられた天皇は日本史上、明治天皇しかいない。そして、その「大帝」という表現は明治天皇の崩御後、つまりは一九一二年以後に用いられるようになり、早くも一九一三年四月には、九三六ページに及ぶ笠

田中義一（国立国会図書館「近代日本人の肖像」より）

原幡多雄編『明治大帝史』（公益通信社）が刊行されている（『明治神宮叢書　第二巻　聖徳編⑵』明治神宮社務所、二〇〇二年）。飛鳥井はこの語が広く用いられるようになったのは一九二〇年代だという。

「大正」の元号を初めて印刷した新聞は『大阪毎日新聞』の一九一二年七月三一日号で、京都帝国大学の国史学の教授、三浦周行《ひろゆき》の「嗚呼《ああ》明治聖天子」と題する談話記事においてだ。プロローグにも引いた飛鳥井の要約を今一度引く。三浦は「奇蹟の如き御治世」との小見出しのもとに、「日本は「維新の大改革」による「武家政治の最期」から、「日清日露の二大戦役」をへて、「世界一等国の班に列するを得たり」とのべ、一転して、後醍醐、天智の二天皇を引き合いに出す」。後醍醐天皇による建武の中興はわずか二年しか続かなかった。天智天皇の大化の改新の方が明治の変革に近いが、これも朝鮮に背かれ、海外に国威を宣揚するには至らなかった。

ヨーロッパでは、明治日本は極東の一孤島が世界強国の一つとなった奇蹟だとまで言われ、「陛下の御生涯も亦実に奇蹟を以て満たされ」、「もし欧州の帝王にて在《おわ》すならんには、必ずゼ、グレートと冠し奉る英主に在す御方なりしなり」——三浦はこう語った。「つまり「大帝」の表現は、ヨーロッパのピョートル大帝などとの対比で、まずカタカナの「ゼ、グレート」として出現したのである」と飛鳥井は述べている。

大正時代をまたぎ越して、一九二七（昭和二）年に刊行された『キング』附録『明治大帝　附明治美談』（大日本雄弁会講談社）を見てみよう。そこには、内閣総理大臣兼外務大臣・陸軍大将男爵、田中義一等、四人による序が付されている。田中総理大臣の序にはこう述べられている。

天に白日あり、炳《へい》として八紘を照らし、世に聖君あり、赫《かく》として千紀に光あり。畏くも我が　明治天皇を称え奉るに、聖君中の聖君として瞻仰《せんぎょう》し奉るべきこと、猶宇宙の光輝、独り天の白日を仰ぐがごとしとすべきか。

世界の局面に上って、欧米列強の伍班に入り、我が日本をして、夙《つと》に東方の和平を鎮護するの使命を荷ひ、久しく九鼎大呂《きゅうていたいりょ》よりも重からしむるを致さしめられしは、洵《まこと》に　天皇の御丕徳《ひとく》御稜威《みいつ》の然らしめし所にあらずや。宜《むべ》なるかな、中外期せずして、推尊するに　大帝の称呼を以てすることや。

この頃には、「大帝」の呼称とそれに伴う美辞麗句が広く使われるようになっていた。大正年間とはそのような変化をもたらした時代でもあったのだ。

第3章　明治天皇の大喪と乃木希典の殉死

明治天皇の大喪

明治天皇が「明治大帝」と称され、やがて明治神宮が創建されて、帝都の中心的な神社となり全国民の崇敬対象へと高められていく過程は、日本の宗教史の大きな転換点の一つである。この転換点の里程の中でも要となる日付が、一九一二年九月一三日、すなわち、明治天皇の大喪の日である。

七月三一日から八月一三日にかけて、明治天皇はあたかも生き続けているかのように遇された。槻殿《しんでん》と仮に名付けられた宮城内で女官たちが一日三度、供御《くご》と呼ばれる食事を天皇におそなえした。そして、八月一三日から大喪の日までは、天皇の遺体は殯宮《ひんきゅう》とよばれた正殿の間に安置された。

九月一三日、現在の神宮外苑にあった青山の帝国陸軍練兵場で大喪の礼が行われ、翌九月一四日に明治天皇は伏見桃山陵に埋葬された。その過程は以下のとおりだった。

大喪の礼（「御大葬列（虎の門御通過）鉦」、帝国軍人教育会編『御大葬写真帖』、1912年、国立国会図書館デジタルコレクションより）

大喪の礼を見守る群衆（「青山葬場殿入口付近における奉送者の堵列」、帝国軍人教育会編『御大葬写真帖』、1912年、国立国会図書館デジタルコレクションより）

一三日の朝、権殿《かりどの》と呼ばれることになった宮中桐の間に明治天皇の御霊代《みたましろ》が奉安される。一年後、宮中三殿の皇霊殿に祀られるまで天皇の聖霊が仮に宿る場である。夜八時に公の儀式が始まる。葬送の鹵簿《ろぼ》が宮城を出て二重橋を渡り、馬場先門から青山練兵場の葬場殿へと向かった。葬送の行列には一万人を超える儀仗兵、皇族、文武高官が加わり、沿道には二万四千人近くもの兵士が並んだ。

葬場殿は鳥居の向こうに建てられた木製の仮の神殿で、そこで神道形式の葬儀が執り行われた。祭官長・鷹司煕通《ひろみち》の祭詞と玉串奉奠に始まる葬儀は、長く仏教で葬られてきた天皇の葬儀としてはまったく新しいものであった。葬儀が終わると、天皇の棺は霊柩列車に乗って京都へと運ばれた。桃山駅仮停車場に到着した天皇の柩は葱華輦《そうかれん》という乗り物に移され、慣例のとおり比叡山麓の八瀬村の八瀬《やせ(の)》童子《どうじ》五二名に担がれ、天皇陵へと運ばれていった。

乃木殉死の衝撃

大喪はそれ自身、壮大な全国家的行事だったが、この日を宗教史上画期となる日とした主人公は、葬られた明治天皇だけではなかった。学習院の院長だった乃木希典とその妻、静子がその日、殉死をとげた。

この乃木の殉死は、大帝とよばれるようになる明治天皇の「偉大さ」をいやが上にも強烈に印象づけることになった。山室建徳『軍神――近代日本が生んだ「英雄」たちの軌跡』(中公新書、二〇〇七年）には、乃木殉死後のマスコミの論調が詳しく紹介されている。当初、否定的な論調、すなわち乃木夫妻の殉死が納得できるものではないという主旨の論が、一定の力をもつかに見えた。

たとえば、九月一四日の『東京朝日新聞』は、乃木殉死に「武士道」の鼓吹に通じるものを見て、それに警戒感を示している（九九―一〇〇ページ）。「欧米新文明の潮流は一時本邦の旧道徳旧信仰を破壊したりしが、日清戦争日露戦役によりて自国の価値を自覚したりし国民は、旧文明の破壊に対する反動的大勢と相倚りて、数年以来こゝに武士道鼓吹の声四方に反響し、武士道を以て殆ど日本道徳の根本となし新道徳は武士道によりて復古的に建設せらるべしと説くものすらあるに至りた」る状況だ。これは国民のナショナリズムへの目ざめだが、武士道は「一種の軍隊教育」に過ぎず、「之を軍隊以外一般の社会に絶対に強ひんとするは到底不可能事」であるという。武士道が軍人たちを結束させる道徳として唱えられるのは意味があるとしても、日本社会全体がこれを規範とするようなことは無理があり好ましくないとして、乃木の殉死が礼賛されることに警戒感を示した論説である。

九月一五日の『時事新報』の社説も同様だが、そこでは殉死の動機を西南戦争のときの軍旗の喪失よりも、日露戦争における旅順攻略の多大な犠牲の方に求めている。旅順攻略は予想以上に難航し、多くの戦死者を出した。第三軍の長である乃木の采配に問題があるとの疑いがかけられた。乃木自身も多くの戦死者や遺族に対して申し訳なかったとの思いをもち続けた。

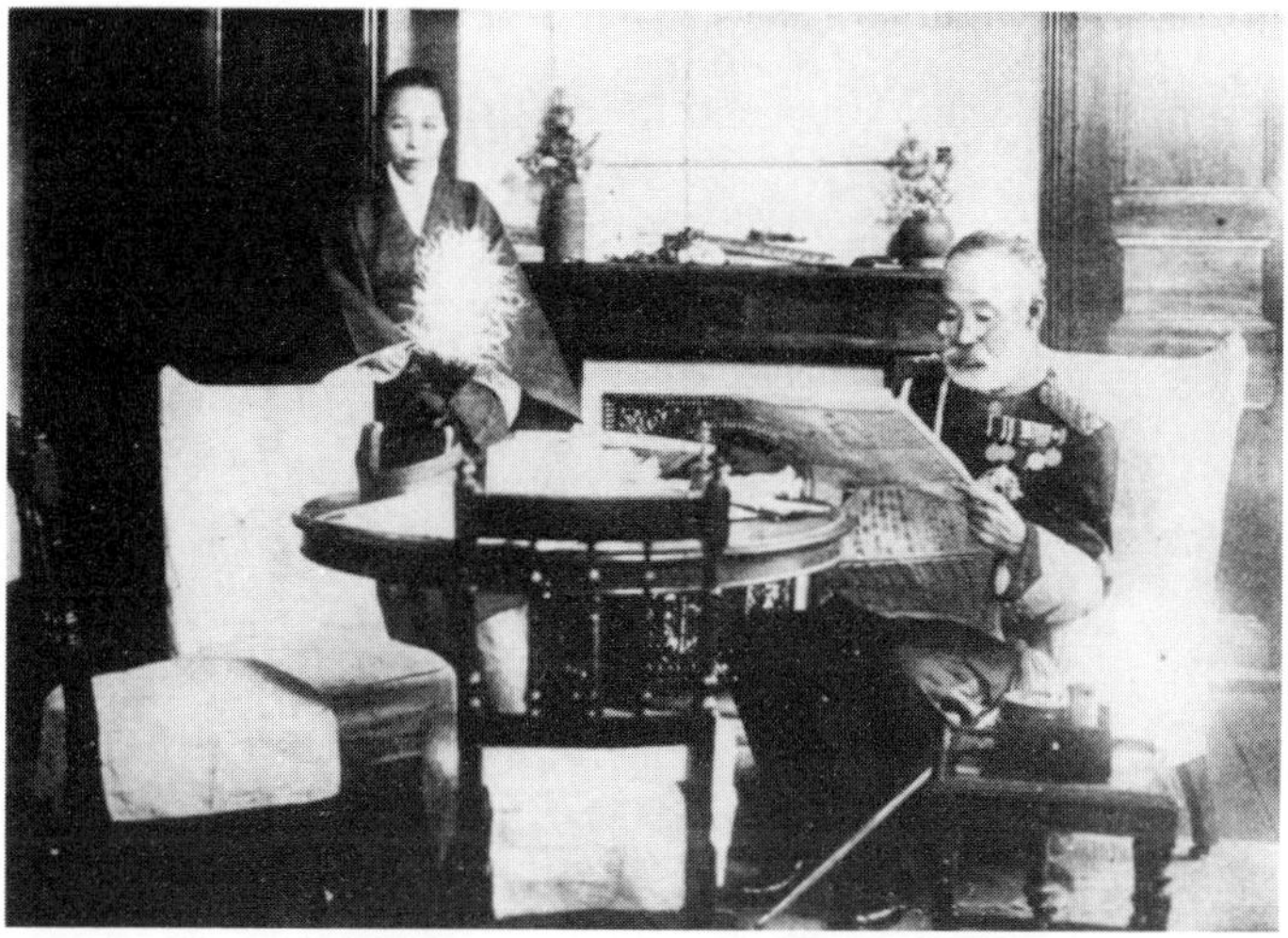

殉死当日の乃木希典と静子夫人（「最後の大将及夫人」、『乃木大将景仰帖』、1913 年、国立国会図書館デジタルコレクションより）

他方、数か月にわたる作戦中に、乃木の長男、勝典と次男、保典が戦死した。乃木の子供はこの二人だけだったから、乃木夫妻は家を嗣ぐ子供を失った。そして、そのこと故に人々の多大な同情が乃木に寄せられた。人々の共感という点では、軍事的な英雄としての翳りを長男次男の戦死が補ったようなかっこうになっていた。

日露戦争における乃木の悲劇

『時事新報』社説はこう述べている。

大将は公人として其名誉赫々《かくかく》たりしと雖も、私人としての生涯は極めて悲惨なるものあり（中略）我輩は右の事情より、大将の死に就き批評を試みるは私情に於て忍びざる所なりと雖も、世間或は理と情とを混同し、乃木大将は流石《さすが》に忠臣なり先帝に殉死して其終りを全うしたりなぞ其死を称賛するものあらんか、大なる心得違ひと云はざるを得ず。（一〇一ページ）

乃木の殉死は私的な事情を動機とするものであるのに、それを公的な責任を取って行われた高潔な行為であるかのように受け取るのは適切ではないと、この社説は論じる。

乃木大将の生涯に於て若しも自殺の場合ありとせば、日露戦役後凱旋の時に在りしならん。即ち、旅順の攻略は大将の司令の下に行はれて遂に其功を奏したりと雖も、之が為めに意外の戦死者を出して我兵力を損したること夥大なりしは司令官の責任なれば、役《えき》終りて凱旋の暁に、作戦その当を得ず陛下の軍隊に損害を及ぼし国民の子弟を殺したるは上下に対し相済まざる次第なりとて、責を引いて自殺したりとせんか、其事の是非は論外とし、忠誠一偏の点より云へばむしろ其死所《しにどころ》を得たりしものならん。（一〇一―一〇二ページ）

日露戦後の復命書奏上

なお、日露戦争後、乃木は天皇に戦果を報告し、多くの兵士を失ったことを詫び、割腹したいと申し出た。明治天皇への「復命書」奏上の場面について、松下芳男『乃木希典』（吉川弘文館、一九六〇年）はこう述べている。

右の旅順城攻略に多大の犠牲を供したという字句にいたるや、熱涙双頬《そうきょう》にながれいくたびか言葉たえて、痛恨の状きわまるところをしらなかった。そして復命を終ってから「ひとえにこれ微臣が不敏の罪、仰ぎ願わくは臣に死を賜《たま》へ、割腹して罪を謝し奉りたい」と言上して平伏した。天皇はしばらく言葉もなかったが、やがて悄然として退出しようとする乃木を呼びとめられて、「今は死ぬべきときではない。卿《けい》もし死を願うならば、われの世を去りてのちにせよ」といわれたという。この日第三軍と乃木軍司令官に、「卿の勲績と将卒の忠勇を嘉尚《かしょう》す」という意味の勅語をたまわった。（一八七―一八八ページ）

『時事新報』の社説の立場からすれば、そうであるならなおさら、乃木は天皇との私的な関係において忠誠を貫いたが、国家的な役割を担う軍人としては死ぬべき時期を誤ったということになるだろうか。
以上、紹介してきた批判論は、近代的な社会倫理という基準から見て、乃木の殉死は古い価値観にとらわれたもので、近代社会にはふさわしくないと見るものだ。

神人としての乃木の殉死

他方、乃木の殉死を褒め称える論調もにぎわった。少し後になるが、一一月一日刊行の奥付をもつ宗教学者加藤玄智の『神人乃木将軍』では、進化論的な比較宗教論の理論的枠組みにそって、その崇高な意義が組織的に述べられている（六六―六七ページ）。

斯様に観察して来ますといふと、乃木将軍の死は、独り現代人心を其の危機に救ふたばかりではない、そは時間を超越して無限恒久である、現代人心が漸々無信仰に陥り、無宗教となり、世の中には神も仏もなく唯々功利あるのみと斯う考へて居つた所の思想を全然根本から覆へして、世の中に実際至誠もあり赤誠もあり、純没我的献身的の精神に充ち満ちたものがあると云ふことを示して呉れたのであるから、そは独り現代人心を救済したのみならず、耶蘇教の感化が独り耶蘇の在世に止まらず、又釈迦の感化が釈迦在世に止まらず、二千年三千年と云ふ長日月中に尚影響感化を及ぼした如く、乃木将軍の死が独り現代人心を救済するのみならず、未来永久日本の国家を救ひ世道人心を救済するに与かつて力あることを知るべきであらうと思ふのであります。此の意味に於て乃木将軍は実に各宗教の教主が永遠不朽なるが如くにまた不死であり不滅であると言はんければならぬのであります。蓋し将軍は神人即ち Deus-Homo であつて、仮りに一たび人間の如く肉体を取って生れたのでありますけれども、実は神其ものであつたのであります。

宗教理論に基礎付けられた乃木礼賛

浄土真宗の寺に生まれ、近代性と合致できる仏教のあり方を求め、宗教学にその理論的基礎づけを求めて来た加藤玄智だが、乃木の自死をとおして、神道の伝統において、近代性と合致できる、あるいは近代の限界を超えていけるような普遍的な宗教性が具現されたと考えた。乃木の人格は「無限恒久の神」から来た「不朽不死恒久不滅」の神格を宿していた。「自刃して肉体的に死せる乃木将軍はその実死せぬのであつて、将軍は宗教家の言葉を仮りて云へば、其肉に死んで霊に生きたのであります」（六九ページ）。

此の如くにして乃木将軍の死に於て直に有神論は立証されたのであります。世に唯物主義の思想の為めに翻弄されて、従来信じて居つた神を失つて煩悶して居る所の人、唯物論に影響されて自己精神上の主を見失ひて懐疑にさまよへる所の人は、乃木将軍の死が吾人に与へて呉れた其の天来の福音に依って再び神を此に見出し真の意味の（有神観）不死長生の事実（有霊魂）を感得すべきであると思ふのであります。

加藤玄智も自死した乃木希典の精神に伝統的な武士道の再生を、即ち幕末に讃美された楠木正成の精神を引き継ぐものを見出している。だが、加藤は新たに、そこに近代的な唯物論や無宗教の精神傾向を超えていく方向性を見出している。加藤があげている「煩悶」は、一九〇三年に自殺した一高生、藤村操が用いて以来、広く近代的な教養をもち、懐疑に陥って苦悩する若者の精神を表すのに用いられるようになった語である。加藤は近代思想の用語を盛んに用いながら、乃木が体現する天皇崇敬や国体論や尊皇論を弁証しようとしている。一九一二年の乃木大将の殉死は、このような思想的展開にかっこうの機会を提供したのだった。

第4章　乃木希典の殉死と軍旗の神聖化

明治天皇と乃木希典

日露戦争後、乃木希典が明治天皇に拝謁し、涙にむせび度々言葉途絶えながら「復命書」を奏上し、「割腹して罪を謝し奉りたい」と述べたことは前章に記した。天皇は「今は死ぬべきときではない。卿《けい》もし死を願うならば、われの世を去りてのちにせよ」と語りかけた。その後天皇はさらに、乃木に次の御製を賜った。

いさをある人を教のおやにしておほしたてなむやまとなでしこ

岡田幹彦はこの御製について、次のように解説している（『乃木希典――高貴なる明治』展転社、二〇〇一年）。

いさをある人とは乃木、おほしたてるとはいつくしみ育てること、やまとなでしことはこの場合女子という意味ではなく、三人の皇孫を含む学習院の児童生徒のことである。明治三十五年の御製、「もののふのせめたたかひし田原坂松も老木となりにけるかな」といい、こ

旅順戦（「旅順攻囲軍の攻城砲」、秋好善太郎編『日本歴史写真帖』、1913年、国立国会図書館デジタルコレクションより）

の御製といい、かくまで親愛の情に満ちたお歌を二首も賜ったものは臣下として乃木のほかにはいない。(二二〇ページ)

明治天皇は乃木を学習院の院長に任命したが、乃木に対する天皇の配慮ある人事であることは誰の目にも明らかだった。学習院長任命の際、天皇は乃木に「おまえは二人の子を失って寂しいだろうから、その代り沢山の子供を授けよう」と語ったとされる。岡田はこう述べている。

はじめ乃木は御内意を伝えられたとき、役目のあまりの重大さに軍人たる自分はとてもその任にあらずとためらった。しかしかくも懇篤なる思召しに対し辞退の由なく、感泣恐懼してこれを拝受したのである。そのとき乃木は次の歌を詠んだ。

身は老ぬよし疲《つか》るともすべらぎの大みめぐみにむくいざらめや

ときに五十九歳である。(二二〇―二二一ページ)

乃木の天皇を慕う心情は、辞世の歌にもよく表現されている。これらには「臣希典上《たてまつる》」と書かれており、濃密な宗教性を宿したものである。

神あがりあがりましぬる大君のみあとはるかにをろがみまつる

うつし世を神去りましし大君のみあとしたひて我はゆくなり

軍旗を失ったこと

乃木希典が明治天皇の御大喪の日に殉死した理由の一つは、日露戦争の旅順城攻略作戦で多くの兵士のいのちを失ったことにあった。これについては、前章に述べた。だが、乃木自身はもう一つの理由をあげていた。一八七七（明治一〇）年の西南戦争の際、連隊長として軍旗（連隊旗）を失ったことを深く悔いており、遺書に自死（殉死）のそのことをあげたのだった。「大正元年九月十二日」の日付をもつ「遺言條々」十ヶ条の冒頭には、以下のように記されている。

自分此度《このたび》御跡《みあと》を追い奉り自殺候段恐入候儀、その罪は軽からずと存じ候。然る処明治十年の役に於て軍旗を失い、その後死処を得たく心掛け候もその機を得ず、皇恩の厚きに浴し今日迄過分の御優遇を蒙り、追々老衰最早《もはや》御役に立ち候時も余日無く候折柄、此度の御大変何とも恐入り候次第、茲に覚悟相定め候事に候。

それだけではない。遺書とともに机上には、その「重大事」の責任を取って自ら処罰を乞うべく乃木が山縣有朋将軍に提出した「待罪書」と、これに対して下された「何分之沙汰ニ不及《およばず》候事」云々の「指令書」が置かれていた。乃木はこれらを三五年間、保管していたのだった。乃木がこれほどまでに軍旗を失ったことを深く悔いていたということは、「遺言條々」の内容が公表されるまで知られていなかった。

軍旗神聖化の由来

戸部良一『逆説の軍隊』（中央公論新社、一九九八年）は、日露戦争後から顕著になる極端な天皇崇敬の傾向についていくつか例をあげている。たとえば、のちの軍事史家、松下芳男が一九〇六年頃、仙台地方幼年学校に入学したときの経験だ。入校式の校長訓示の際、「天皇陛下」や「勅諭」という言葉が出る度に、上級生は踵を合わせて不動の姿勢をとるのでびっくりしたという。また、在校中に皇太子（のちの大正天皇）が来訪したとき、眼鏡をかけている者はそれをはずせと命じられたという（二〇八―二〇九ページ）。

乃木大将との関連で興味深いのは、軍旗を天皇の分身のように遇する態度が生じ定着していったことである。

軍旗の尊厳さを必要以上に強調するようになるのも、明治末期から大正にかけてである。もともと軍隊は、神社に参拝するときや、天皇・皇后に対するとき以外は、敬礼のために垂れ下げないものとされていたが、一九一〇（明治四三）年の陸軍礼式の改正で、「軍旗は天皇に対するとき及び拝神の場合を除くほか敬礼を行うことなし」と明確に定められた。つまり、旗手・軍旗衛兵・軍旗中隊は、軍旗を守護している間、上官であろうと誰であろうと、天皇以外には敬礼しないのである。軍旗はあたかも天皇の分身であった。軍旗の扱いは丁重かつ厳格をきわめ、御真影（天皇の肖像写真）と同様の異常さを帯びてゆく。こうして、明治末期から、天皇の尊厳性と彼への忠誠心の表明はやや常軌を逸しつつあったのだが、国体論の強調がそれにさらに拍車をかけることになってしまう。（二〇九ページ）

軍旗が天皇の神聖性を宿した存在として、これほどまでに尊ばれるようになる経緯については、乃木希典の影響が大きいとの推測がある。飛鳥井雅道の「乃木伝説」（『明治大帝』筑摩書房、一九八九年、所収）によると、一八七七（明治一〇）年の段階では、軍旗が神聖視されるような事態はなかった。飛鳥井は三浦周行《ひろゆき》の「乃木大将の最期（其軍旗及び養子観）」（一九一三年）に拠りながら、南北朝時代に「錦の御旗」が発明されたが、その後も錦旗を失った例はいくつもあったとし、こう述べている。

実際に軍旗そのものは、当時の政治的・軍事的情況においては、それほどの問題ではなかった。軍旗はたしかに明治七年以後、聯隊が創設されるたびに天皇が親授するものではあった。しかし、この軍旗を物神化するような雰囲気はまったくなかった。（中略）天皇においても、この時乃木が軍旗を奪われた事件は、戦闘中の一偶発事として、重視していなかったにちがいない。軍旗を物神化する系譜が乃木の十年の事件から発したことにはまちがいはないとしても、軍全体にもまだ当時、軍旗物神化は成立していなかった。（二五六ページ）

乃木が軍旗にこだわったのはなぜか

ところが、熊本城に籠城する熊本鎮台軍を助けるために小倉からかけつけた第十四連隊の乃木は、軍旗が失われた後、自らの生命をわざとのように危険にさらして奮闘した。飛鳥井はそれを「自殺願望的行動」と述べている。乃木は負傷し入院するが、その頃作った漢詩に「身傷つくとも死せず却って天を恨む」との一節がある。乃木が深い屈辱感を負ったことはこの一節からも分かる。

西南戦争の軍旗（「鹿児島征討記内　熊本城ヨリ諸所戦争之図〔野津大佐軍旗を奪還す〕、大蘇芳年『西南戦争錦絵』、1877 年、国立国会図書館デジタルコレクションより）

だが、それは軍旗を守り切れず天皇を裏切ったという理由によるのではないというのが三浦を引く飛鳥井の見方だ。むしろ、長州出身でありながら、薩摩出身の妻を娶るなど、薩摩にすり寄ったと見られていたことが背景にあるという。戦死して軍旗を奪われたのは河原林雄太少尉だが、そのことが分かった段階で乃木は死を覚悟したわけではないという。自らが連隊長を務める連隊の軍旗を奪われたことが、敵味方に知れわたった段階以後のことだったと飛鳥井は論じている。

乃木が自ら求めて死地におもむこうとしたとされるのは、決して嘘ではない。しかし聯隊長たるものが、わざわざ自殺願望的行動をおこないはじめたのは、実は河原林の奪われた聯隊旗が、薩軍によって、わざと熊本の周囲に見せびらかされはじめてからだった。薩軍は、籠城中の熊本鎮台兵にたいして、自分たちはすでに田原坂《たばるざか》をこえた、十四聯隊をも全滅させた、と誇りたかったにちがいない。ここから乃木の苦しみがはじまった。(二五五ページ)

佐々木英昭は乃木がそのすぐ後、何度も自殺を図ったことを示している。自殺の準備をしていたところを児玉源太郎に諫められたり、行方不明になって熊本の山王山の山奥で断食しているのを見つけられ、連れ返された。だが、これらのことは世間に隠すように沙汰されたという(佐々木英昭『乃木希典——予は諸君の子弟を殺したり』ミネルヴァ書房、二〇〇五年、一二〇ページ)。

乃木の武士道をめぐって

死を恐れず、むしろ勇ましい死を喜びとする乃木の精神を語る逸話は、殉死報道のあと次々と伝えられた。人を殺すことも喜びとするとの記事さえ掲載された。佐々木によると、『名古屋新聞』九月一九日号には「人を斬るが愉快」という見出しをつけた箇所があり、このような叙述もあった。

大将は後年武人の典型と仰がるゝほどありて青年時代より戦闘的の行動を好むこと甚しく殊に人を斬るを以て無上の愉快としたり　初めて人を惨殺せしは明治三年山口の内乱に際し突然現れたる敵を一刀の下に斬殺したること是なり　後年当時を回想して人に語りて曰く「人を斬ると云ふ事は実に愉快に感ずるものだ　ヨシ愉快に感じないまでも不愉快なものではない」云々（同前、一〇七ページ）

このような記事は現代ならば乃木への顰蹙を引き起こすかもしれないが、当時はむしろ輝かしい武士道のよみがえりとして称賛をよぶものになっていく。

とはいえ、前にも述べたように乃木殉死の直後からそうした論調がにぎわったわけではなかった。たとえば、九月一四日の『東京朝日新聞』は、乃木殉死に「武士道」の鼓吹に通じるものを見て、それに警戒感を示している。乃木殉死以後のマスコミの反応を追った、山室建徳『軍神——近代日本が生んだ「英雄」たちの軌跡』（中公新書、二〇〇七年）から前の引用に続く箇所を引く。

そもそも、殉死という行為は「一個の武人として大元帥たる先帝の霊に殉じたるもの」だろうが、「今日の思想より批評するを許さば、大将の行動は唯自己夫妻の情を満足するといふに止まりて、尚国家に尽すべき自己あることを忘れたるの憾みなし」と断ぜざるをえない。主君亡き後も、臣下は生き残って国家のために働くのが本筋であろう。それゆえ、「大に同情の涙を濺《そそ》ぐに値す」るにしても、「其の行為を推賞して為めに世を誤るものなしといふべからず」というのが、自決の翌日に『東京朝日新聞』が出した結論であった。（一〇〇ページ）

この段階での『東京朝日新聞』は、乃木の殉死が礼賛されることを牽制するかのように、武士道鼓吹への危惧を表明していた。

第5章　「軍国美談」のスーパーヒーローの誕生

「軍国美談」のスーパーヒーロー

　大正・昭和前期の日本のスーパーヒーローというべき存在が乃木希典だ。乃木希典は国定教科書の「軍国美談」とよばれるものの中でも、第二期（一九一〇〜一七年）から第五期（一九四一〜四五年）まで、もっとも長期にわたり頻繁に取り上げられた人物となった（中内敏夫『軍国美談と教科書』岩波新書、一九八八年）。「乃木神話」は、単に天皇のためにわが身を捨てて戦ったヒーローというだけではなく、「清廉、公徳、至誠、温情」といった徳目の例示にも用いられた。「軍国美談」における乃木の優越の理由を中内は多面的に説明しようとしている。

　忠良なる軍人や人格者という点では、第五期にかけ淘汰されていった木口小平や広瀬武夫と、乃木はさほどかわりはない。（中略）乃木が、木口や広瀬のもたないものを備えていたとすれば、それは学習院長というポストの経験者であり、現に明治天皇の親任も厚かったという条件である。（四二ページ）

だが、それに加えて、民衆の親しみという特徴がある。だからこそ、「個人主義的な古いヒロイズムがしりぞけられ、匿名の不特定多数者の集団的ヒロイズムが主人公となる第五期」にも乃木は引き続き重視された。

淘汰されるどころか、逆に修身・国語両分野にわたって数多くのバリエイションを増幅させていった乃木希典のばあいには、これにさらに「一国元気の基礎は農業」（乃木のことば）とする、農本主義国家日本の武人としての条件が加わる。（中略）乃木が那須野石林の別墅に入って農民の生活にかえったのは、一八九一（明治二四）年、九八年、一九〇一年の三回、休職の度ごとである。石林での乃木夫妻の生活は、ムラ共同体指導者としてのエピソードに満ちあふれている。

皇室、軍、ムラ共同体——近代日本を支えていたこの三大支柱を一身に体現していたのが乃木希典である。これがかれのつよみ——国定教材の素材としての適切さの源泉である。

（四三ページ）

民衆の心を捉えた逸話

加えて、乃木が二人の息子を失ったり、配下にあって死んだ将兵たちのために涙したり、明治天皇との間で情的な交流が深かったといった逸話が、民衆の心を深く捉えたということも付け加えたいところだ。もっとも根強い乃木教材の一つは日露戦争終結後、乃木大将がロシア軍のステッセル将軍とまみえた「水師営の会見」の逸話である。第三期の国語教科書からその一部を引く。

乃木大将はおごそかに、／御めぐみ深き大君の／大みことのりつとうれば、／彼かしこみて謝しまつる。

昨日の敵は今日の友、／語る言葉もうちとけて、／我はたたえつ、彼の防御。／彼はたたえつ、我が武勇。

天皇のためにわが身を捧げる軍人や将兵が理想的人格として讃えられる際、圧倒的に強力なモデルとなったのが乃木希典だった。そう述べる中内の指摘は、幕末期の尊皇論や国体論が、国民共同体が支える神聖天皇崇敬や国家神道へと展開する上で、乃木が果たした役割に注目する私の視点を強く支えてくれる。

国定教科書だけではなく、通俗修養講和や講談、そして映画等を通して「乃木神話」（佐々木英昭）は強力に国民生活に浸透していった。乃木将軍の軍国美談は、皇道を掲げる大正維新や昭和維新の運動の基盤となる、神聖天皇崇敬と国家神道の欠かせない一部となっていた。

このようなその後の展開を視野に入れると、吉田松陰と山鹿素行を尊んだ乃木希典が殉死した一九一二年は、幕末の尊皇論から軍部主導の全体主義へと日本が進んで行く過程の、重要な跳躍台の一つとなったと見ることができる。

乃木希典とステッセルたち（「日露戦役旅順開城当時の乃木大将及びステッセルと其随員」、秋好善太郎編『日本歴史写真帖』、1913 年、国立国会図書館デジタルコレクションより）

マスコミの評価の転換

ここには近代日本精神史の一つの転換点がある。「天皇のためにいのちを捧げる」ことが国民にとって目指すべき生き方だという考え方が、広く国民の脳裏に焼きつくこととなった。乃木希典は天皇崇敬や国家神道を民衆に近づけるという点で甚大な貢献を行ったことになる。そこで大きな役割を果たすのはマスコミである。第3章、第4章でもふれたように、山室建徳『軍神——近代日本が生んだ「英雄」たちの軌跡』（中公新書、二〇〇七年）はこの転換を鮮やかに描き出している。

乃木殉死後、知識人やジャーナリズムでは乃木の行為に賛同しない声が多々あった。日露戦争後もそうした論があった。だが、どちらの場合も、民衆は乃木に共感し乃木への敬意を強める方向へと向かっていった。とくに殉死においてそれは顕著だった。

山室建徳の『軍神』は乃木殉死後の報道をまとめて、「輿論は圧倒的に乃木に同情的であり、そのために一部にあった批判は影を潜めてしまった」と述べている（一五七ページ）。

『東京朝日新聞』も『時事新報』も『信濃毎日新聞』も、当初乃木の死に対して批判的な論評を掲げたが、その後は彼の事績を賞賛する記事で紙面が覆われるようになっている。そうなったのは、政府が「軍国主義」や「武士道」を鼓舞する格好の機会ととらえて、報道を誘導したためとは考えにくい。この事件は不意打ちのできごとであり、すぐに誰かが意図的に報道を規制できるはずがない。（中略）同情的な記事が連日大々的に紙面を埋め尽くしたのは、読者の期待に応えようとしたためである。インテリの一部を中心に反発する向きがあったにしても、期せずして乃木の死に共感する声が日本全体を包み込んだのである。乃木希典と夫人の自決という予想外のできごとに対して、日本社会から湧き上がってきたのは、夫妻に対する深い同情と尊敬の念であった。

一九一二（明治四五）年九月一五日の『大阪毎日新聞』は、前日九月一四日の朝、通勤客で賑わう京阪電車に「乃木大将夫妻殉死」の号外が投げ込まれたとき、「車内は異様な雰囲気に包まれた」と伝えた。

「エヽ乃木大将が自殺した」

「自殺やない、殉死やア」

「乃木大将殉死？自殺？エッ奥様もか？」

百余名の乗客は異口同音に乃木大将々々と呼んで茫然たる許り、大将が平常の気質から二子を旅順に失ひ一滴の涙をさへ流さなかつた古武士の面影などが次ぎ〳〵に語出《かたりだ》される内、一人の老婆は「乃木大将が死にハッたか」と胸轟《とどろ》かしたる様子にて、声高く読経を始め前後を打忘れたる有様に、乗客何れも異様の感に打たれて大将最期の光景までまざ〳〵と眼の前に見る心地してひた泣きに泣く、分けて同乗の軍人は突然車中に起立して不動の姿勢を取り涙を浮べて東に向ひ脱帽した。惨たる其態度、人々は亦打ち泣くのみ、噫《ああ》。（一五八ページ）

乃木夫妻の葬儀の熱狂

こうした乃木への共感は、乃木夫妻の葬儀に対する国民の反応においても顕著だった。当初、参列者は五、六万人と予想されていたが、実際はそれをはるかに超え、「葬に会するもの二十万人／人臣として空前の盛儀（『萬朝報』九月十九日）」（同前、一六〇ページ）と報道されるほどだった。乃木の息子たちの幼馴染で乃木夫妻の晩年まで親交のあった長谷川正道は、一九四二年刊の『敬仰乃木将軍』でこう述べている。

青山斎場に至る間の両側は人垣を以て埋め、前方の数列は土下座し十重《とえ》二十重《はたえ》に群衆は無慮二十万、洵《まこと》に前代未聞の光景であった。やがて進み来る将軍の霊柩を拝した群衆は敬虔なる態度を以て迎え厳粛なる気持に粛々として声なく、霊柩を見送る眼には、奇（稀）代の忠臣のその遺骸に対し最後の別れを致さんとする姿が反映して居り、筆者の胸を打つた最も尊き感激であつた。然るに次いで来れる夫人の柩、その間三十歩、その柩を見た瞬間に群衆の態姿は一変し敬慕、愛情、悉くが涙であつた、合掌礼拝するもの、感極つて鳴咽するもの、涙を拭ふもの、土下座せる老媼は地に顔を摺り付けて慟哭する有様、沿道の総べてがそれであつた。

棺側にあつてこの光景を見つゝ進む筆者は、一つ一つ胸に迫る衝動に、抑へんとして抑へ兼ぬる涙が次ぎから次ぎへと込みあげて来る、漸く堪《こら》へてその場を通り過ぎると、又新たなる同じ感激の場面に遭遇する、遂に我慢し切れずに涙は頰に伝つて落ちて来る。それを無理

乃木夫妻の葬列（『乃木大将景仰帖』、1913 年、国立国会図書館デジタルコレクションより）

に堪らへんとする苦しさは今日尚忘れ兼ねる筆者が一生の尊き感激であつた。（三三八―三三九ページ）

誠忠の帰結としての殉死と神化

長谷川正道は乃木の殉死を生涯の総決算と捉え、「将軍の一生が「まごころ」によりて終結されて居た」と述べて、『敬仰乃木将軍』の「結言」としている。

将軍が生涯の大詰《おおづめ》たる「殉死」と云ふ大事業は決して一朝一夕の克《よ》くする所ではなく、単に一時的の亢奮などによつて為し得られるものではない。即ち将軍の脳裏から一日も離れざりし「軍旗喪失に対する死の償ひ」、即ち　明治天皇への「心からの御詫び事」が遂に御在世中に果たし得ざりしを失望と其心の苦しさとが、「何処までも御伴《おとも》申上げて心のたけを尽したい」と云ふ願望となり、一方には身も心も捧げ奉りし御方様《おかたさま》の亡き後は、我心は最早空《うつ》蟬《せみ》の如く、此の身を此の世に置き甲斐もなしと思ひ詰めたる、謂はゞ　明治天皇に対し奉る純真無凝の愛着と崇敬の念、並に奉仕奉公のその極致とが、御跡を慕ひて殉死されることに立到らしめたのであらう。――是れは単なる筆者の想像ではなく其の意味のことは遺言状に依りても十分に窺ひ知ることが出来るのである。斯かる尊き心情なればこそ、今日我々国民が其の誠忠に感激し「神」として崇敬する所以なのである。

斯るが故に将軍を語り、将軍に学ばんとするものは必ずや其の「至誠」に学ぶべく、且つその至誠たるや即ち生命を捨てゝの「まごころ」であり、葉隠れ（佐賀論語のこと）に謂ふ「死に切つた心」を将軍の心の内に見出してこそ初めて其の将軍を知ることが出来るのである。（三二〇ページ）

この「結言」は、一九一二年の乃木希典の殉死が日本の精神文化にもたらした転換の至りつく先をよく示している。ここには「軍神」を祀る靖国神社の宗教性がよく示されている。「国体の本義」（一九三七年）や「臣民の道」（一九四一年）に示された倫理的教説、また「特攻」や「玉砕」という軍事行動理念、ひいては「生きて虜囚の辱を受けず、死して罪禍の汚名を残すこと勿れ」と教え諭す「戦陣訓」との類縁性も明らかだろう。一九三〇年代以降に猛威をふるう極端な精神性の一つの源流として乃木殉死を捉えることができるだろう。

乃木の殉死後に厳しい乃木批判の発言をした京都大学教育学教授、谷本富《とめり》はその職を辞さざるをえなくなる（一九一三年）。明治天皇と乃木が相次いで世を去った後には、明治神宮の創建が国民運動的な規模で進められていくことになる。

第6章　明治天皇の崩御と大衆参加による神聖化

帝国民の神となる天皇

明治天皇の神聖化の過程で乃木希典の殉死が果たした役割を強調してきたが、明治天皇崩御に伴うさまざまな出来事が明治天皇神聖化に貢献した過程の全体像を見失わないようにしておきたい。それは、明治神宮創建という宗教的な一大事業が進んで行く過程の前段階でもある。明治神宮創建を日本宗教史上の大きな出来事として捉える必要があるが、佐藤一伯『明治聖徳論の研究――明治神宮の神学』（国書刊行会、二〇一〇年）などわずかな仕事を除いて、これまでそのような捉え方はされてこなかった。宗教や宗教的な心情を通して民心を捉え歴史を振り返るという視点が欠けていたためである。

拙著『国家神道と日本人』（岩波書店、二〇一〇年）の第四章でも述べたように、大正デモクラシーの時代が、また国家神道の浸透期でもあるというのが、私の捉え方である。「浸透期」には「下からの運動が強まり、政府も国家指導層も国家神道強化の方向で社会的緊張を克服し、より

明治天皇と皇后（佐藤秀夫編『続・現代史資料８　教育　御真影と教育勅語Ⅰ』みすず書房、1994年より）

学校に交付された「御真影」昭和天皇と皇后（影山智洋氏所蔵、佐藤秀夫編『続・現代史資料８　教育　御真影と教育勅語Ⅰ』みすず書房、1994年より）

強固な国民統合を達成しようとする道を選ばざるをえなくなる」（一四四ページ）。大正期から昭和初期にかけて、国家神道と神聖天皇崇敬に希望と充足感を託す下からの運動が強まっていく大きな動きの起点として明治天皇の崩御前後の日本社会を見ていく必要があると思う。

一九一二年七月からの数ヶ月間に起こった事態の流れの概略を、そのような視点からたどっていく。中島三千男「明治天皇と帝国の形成」（安丸良夫他編『岩波講座　天皇と王権を考える5　王権と儀礼』岩波書店、二〇〇二年）と佐藤一伯、前掲書（第四章）に依拠しながら述べていこう。崩御から大喪、そして乃木の葬儀に至るまでの二ヶ月余りの間に、多くの人々の心中に宗教的崇敬の念を活性化させるような事態が進行していったことを確認したい。一大宗教運動の興隆を見ることができるのだ。

「御不例」と人々の祈り

睦仁天皇の重態が発表されたのは七月二〇日だった。糖尿病と慢性腎臓病が悪化し、一五日の枢密院会議に出席したが居眠りなどして見るからに不調、一九日には「海軍軍事会議にも出御ましまし、正午までも会議を聴召させ給ひしがあゝ、いかに現人神に在せばとて、いついつまでの御堅忍ぞや」（大日本国民中学会編『明治天皇聖徳録』東京国民書院、一九一二年、二三三ページ）。同日中には昏睡状態となった。二〇日、「聖上陛下御不例」の宮内庁発表はすぐに号外となって知らされる。その後も、一日に数回、容態が発表されていく。二二日の『国民新聞』は「陛下御齢本年漸く御還暦に達せられたるに過ぎずして未だ御老齢と申上ぐる程にはあらせられず」、しかし宮内省の発表からは「容易ならぬ御重症と拝察せられ」る。「一日も早く御回復あらせられんことを祈り奉」らずにはいられないと伝えている。

ただちに有位爵者などによる天機奉伺《てんきほうし》が始まった。天皇を訪問することだが、この場合は記帳という形でお見舞いに伺うことを指す。数日にして一般国民にまで天機奉伺を拡充することになり、郡役所、市役所、区役所でも受け付け、宮内省に回付することとなった。もっとも、「出頭の際は相当礼服着用然るべし」とのことで、出頭する者はそれほど多くはなかった。他方、社寺や教会での平癒祈祷の模様が連日のように報道される。

一般人は二重橋外に群がり、昼夜を分かたず土下座して平癒を祈った。二二日の新聞報道によると、前夜、記者が「皇居を目前に拝して御平癒を祈らん」として、二重橋に至ると、「同じ心の人々なるべし、砂利道を静かに歩して鉄柵の間近迄進み入り、恭しく敬礼をなす」人影があった。ふだんより少し多いというほどであった。これが二四日午前中には「此両三日来る人影は次第に多くなるばかり」、二五日には午前三時頃から正午までの遥拝者は六千二百名に及んだという。二八日の『東京朝日新聞』は、「行け!二重橋へ」と題する記事を掲載、「此処に打集う老若男女の、或は、天を仰ぎて神明に祈り、或は地にぬかづきて悲涙に暮るゝ様を見るにつけても、上下挙げて大君を思ひ奉る我が国ぶりを目の当たりに縮め見る心地して、人をして覚えず襟を正さしむ」と記していた(打越孝明『絵画と聖蹟でたどる明治天皇のご生涯』新人物往来社、二〇一二年、一八八ページ)。

崩御と聖徳を讃える記事

大日本国民中学会編『明治天皇聖徳録』はこう述べている。

「二十九日の朝より宮城前集りたる国民は其幾万なるを知らず、狂熱の祈祷は朝より夕に至り、夕より夜を籠めて、時の移るを知らず、嘆息をはげまして黙祷し、慟哭を抑へて祈願を凝らし、天に皇神《くわうじん》ましまさば、願はくば今一度《ひとたび》吾等の祈を受けさせ給へと、狂熱は森厳の夜に燃えて、悲愁狂熱の渦にこもる。世の更くるに従ひて人は益々加はり、呪文の声、唱《しょう》名《みょう》の声、燭の火影の消え残る暁かけて、一心不乱にぞ祈り祈れる。其充血したる眼よ、乾きたる口よ、打慄ふ手よ!/しかれども、噫!/熱祷は、遂に慟哭の声となり、慟哭の声は、七月三十日の暁を破つて大内山《おおうちやま》を打ちゆるすなり。」(二三五ページ)

「大内山」は皇居を指す。当日付で『大阪朝日新聞』は次のような「哀辞」を掲載した。

大行《たいこう》天皇は、乃ち神乃ち聖、至仁至勇にましまして、夙に大統を承け、否を転じて奉と為し、中興前を光《てら》し、皇基以て固く、立憲後を啓き、国勢用て張り、教育の詔は、祖訓を紹述し、典章の制は、精華を集成し、益文明に進み、すでに富強に躋《のぼ》れり、是を以て宇を拓き彊《きょう》を開き、遠《とおき》を柔け邇《ちかき》を能くし、恩威を並施したまふこと、啻《ただ》に覆載《ふうさい》のみならず、聖徳神功、遠く百王に軼《す》ぎ、鴻猷《こうゆう》駿烈、比倫す可き死《な》し、蓋し乾綱を独運して、道は君師を兼ね、一日《いちじつ》万機《ばんき》、会て暇逸《かいいつ》せず、躬行精勤、臣庶を卒励したまひしかば、庶績咸《ことごとくひろま》煕りて、既に至治に臻《いた》り、兆民永く頼りて、共に太平を享けしに、一朝遽《にわか》に瞻依《せんい》を失ひて、四海同く遏密《あつみつ》を悲む

荘厳であろうとするが故に、何度も漢和辞典を調べないと読めない文章だが、亡き天皇を讃美し、その功績を称え、「神」にして「聖」であることを強調し、その天皇を失った悲しみを表す文章ということは分かるだろう。

八月二日の『時事新報』は「聖徳神の如し」と題する次のような論説を掲載した。

先帝陛下の盛徳大業を述べ奉らんとせば明治四十余年間の歴史を記すと同様にして、固より新聞紙の記事を以て其詳細を悉くす可きに非ず。而して平素の御性行に就ては……今回の御大変に付き広く一般に伺ひ得たるもの多く、伺へば伺ふほどますます尊崇追慕の念を増し奉るのみにして、真実十善円満、神の如き御方と申し奉るは決して此意味を以てするに非ず。……畢竟　陛下には天資英明にあらせられ、公私内外万端に亘りて到らぬ隈なく大御心を用ひさせられたるが為めに外ならずとは申せども、窃《ひそか》に私見を以てすれば恐れながら御教育御修養の御力も亦少なからざるを信じ奉るものなり。

集合的な追慕と讃仰の組織化

この間に、遊興や祝い事の自粛が広がった。内務省警保局は重態が発表された二〇日、すぐに

「正午、東京市内各劇場活動写真寄席に対し興行を遠慮せよとの通知を発表し」た。同日午後、内務省は地方庁に対して電報で、「各種の宴会並びに興行等に対しては、当事者が自発的に遠慮すべきは兎も角、これらのものに対し禁止の内命は発せず」との通牒を送っていた。自発的な謹慎・自粛が広がっていったが、内務省や宮内省は二四日にもそれを抑えるような通牒を出している。そして、崩御の直後も、花柳社会も興行界も七月三一日から八月四日まで五日間の休業に止められた。中島「明治天皇と帝国の形成」は、これは一五年前の英照皇太后の大喪の際、三〇日の歌舞音曲の停止、営業者は一五日間の停止を課したため、生活に困難を来した者が多々あった経験を反映したものとしている。

だが、そのかわりというわけではないが、この度は国民に喪章の着用を促すこととなった。八月一五日付の『横浜貿易新報』は以下のように伝えている。「大喪中一般人民は喪章を付する旨、閣令にて発布せられしも、喪章を付せざる者多きより、一昨日警視庁は各署に命じ、戸口調査の際、各戸に就き注意を促し、一方各町の差配人をして借家人に注意せしむる旨を、訓令したり」。これでも徹底しないので、八月三一日付同紙では、さらに交番所の立番あるいは巡行中の警察官に、「喪章なき通行人を認め次第、臨機これが注意を与えしむる」ように指示があったと伝えられている。これらの記事を紹介している中島三千男は、経済・商業活動に関わる側面については思い切って合理化し、「全ての国民に関わる服喪については、より徹底する、これが明治天皇大喪時の特徴であり、それは言葉を替えて言えば、近代国民国家確立段階の国家的服喪の成立ということができよう」と述べている（前掲論文、二八一ページ）。

葬儀当日の画一的動員

九月一三日の葬儀の前後の三日間は、「廃朝」、すなわち喪によって天皇の政務が行われない日とされ、政府によって歌舞音曲の停止等が指示された。その間は、官庁事務も停止、諸学校授業も休暇とされた。神奈川県では学校に対し、葬儀当日の九時に遥拝式を行うこと、霊柩列車の通過市町村にある学校長は、児童・生徒を代表し、部下職員とともに奉送するように指示があった。また、横浜市は八月一七日に、一般市民に対して、葬儀当日は「最寄りの遥拝所に至り遥拝せられたきこと」、「弔旗を掲ぐること」、「成るべく間口または入口に黒幕或は黒布を張」る事等を指示をしている。

これを受けて、実際にどのような対処が行われたか。中島は横浜市の青樹町廿ヵ字町の組長が各戸に配った印刷物を例にあげている。「一、当日表通の店頭入口等には黒幕にて縁を取りたる簾を懸け、その中央に「奉謹表弔意」と書きたる紙を貼る事、但し黒布を以てこれに代ふるは差支えなし、一、当日は成るべく休業する事、一、青木町全町民は遥拝所と定めたる青木小学校雨天体操場に礼服着用にて、一三日午後一二時に集り、遥拝式を終わって御通夜を奉仕する事、一、霊柩当町通過の際は予めその位置を定め一同謹んで葬送する事、一、成るべく提灯を携帯する事、一、各町毎に必ず一対以上の高張を出す事（以下略）」（二八三―二八四ページ）

このような全体主義的な動員が行われたのは、以前になかったことである。日中戦争・アジア太平洋戦争期を先取りするような国民動員がなされたわけである。

第7章　国民の「熱誠」と明治神宮創建への動き

明治神宮創建への動き

明治天皇は死後、すぐに神社に祀られる神となることが定められた天皇である。まずはその経緯を記しておこう（山口輝臣『明治神宮の出現』吉川弘文館、二〇〇五年、佐藤一伯『明治聖徳論の研究』国書刊行会、二〇一〇年）。天皇の公式の死亡日付は七月三〇日だが、同日、就任したばかりの阪谷芳郎東京市長は天皇の陵墓の場所について臨時市会で言及し、「宮内次官に面会し……赤誠と至情とを諒解せられ、「東京」の文字を冠せらる地を御選定あらんこと申上げた」と報告した。また、同日、日本橋区会議長、柿沢谷蔵が渋沢栄一のもとを訪れ、「御陵墓を是非関東に御とどめ申し度い。之は日本橋全区民の希望である」（『雨夜譚談記筆記』）と述べたという。阪谷、渋沢、柿沢に加えて、東京商業会議所会頭、日本郵船・三井財閥の幹部、衆議院議員らが集まって、「天皇陵を東京へ！」という目標を掲げた運動を始めようとしたのだ。

ところが、八月一日には河村宮内次官が、大喪（天皇の葬儀の呼称）を青山練兵場で行うこと、また京都府下紀伊郡堀内村の桃山城址に陵を設けることが内定していることを公表した。これは明治天皇自身の意志によるものであることも明らかにされた。一九〇三年、京都滞在の折、皇后と夕食をともにして京都の今昔を話題としていたとき、天皇自身がふと陵墓を京都にしたいと述べたのだという。「天皇陵を東京へ！」という希望は生じて間もなく行き場を失うことになった。阪谷や渋沢らはすぐにそれにかわって、神社をもうけようという考えを打ち出すことになる。山縣有朋や原敬のような政治家、神道関係者や軍隊関係者なども神社案を提唱、ないし支持したようである。明治神宮の構想は早くも八月三日に報道されている。

御陵墓を桃山に卜せられたるに就ては、二百万の帝都民は遺憾の情やる方なく、せめては御尊霊を奉祀すべき神社を帝都に建立せられん事を請願するもの続出し、二日来、市役所へ或は出頭し、或は文書を以てし、先帝を景慕し奉る至情を致すもの頻々たり。（『報知新聞』八月三日）

早くも八月五日には、この案に乗り気だった徳冨蘇峰の『国民新聞』が、「期せずして明治神宮を青山に建造する議が起って参りました」と阪谷が述べたと報道するに至っている。葬儀の行われた青山練兵場の祭殿跡を保存もかねて神社にしようという案である。以後、目標は明治神宮建設へと変更され、運動はそこに向かって結集していくことになる。

当時の明治神宮本殿（『明治神宮写真帖』、1920 年、国立国会図書館デジタルコレクションより）

二重橋前で祈願する群衆

かくも迅速に明治神宮創建案が形をとり支持を得ていく背景について、興味深い考察を行っているのは平山昇である。その著、『初詣の社会史――鉄道が生んだ娯楽とナショナリズム』（東京大学出版会、二〇一五年）は初詣の歴史が主題である。今は東京で最大の初詣参拝者を集める明治神宮だが、それがなかった時の東京はどうだったか。そして、そこに明治神宮が出現するという事態が生じた。日本民衆にとって、それがどれほど大きな精神史の転換であったかに注意を向けている。

平山は創建の当初から今日に至るまで、明治神宮の誕生について、あるパターン化された語り方が繰り返されてきたと捉える。たとえば、阪谷芳郎が一九三〇年に語った「明治神宮御造営ノ由来」という談話である。

曰く、明治天皇の重態が公表されると「二重橋前ノ広場ニハ炎天モ厭ハズ」平癒祈願を行う人々が大勢集まった。このような「天皇ノ御仁徳ヲ御慕ヒ申上奉ル自然的国民熱情ノ発露ハ古今嘗テ見聞セザル所デアリマシテ、其ノ熱情ガ　天皇ノ崩御ト聞クヤ切メテ御遺骸ヲ此ノ地ニテ永久ニ守護シ奉ラントノ極度ノ熱情トナッタノデアリマス」。しかしながら、陵墓は京都に内定していたので、せめて「何カ御陵墓ニ代ルベキ最モ近キ方法」を、ということで「種々相談ノ上、神宮ヲ東京市ニ造営シ奉ラントノ議ニ一決シ」た、と。つまり、明治神宮創建のルーツを二重橋前で行われた平癒祈願の際に発露した国民の「感情美」と結びつけ

る語り方である。(傍線は平山による。七三―七四ページ)

平山は「熱情」の語に注目する。平癒祈願の時に示された国民の「熱情」が、おのずから神宮創建を導いたという捉え方がここに表れている。「熱情」あるいは「至情/至誠/熱誠/真心/赤心/赤誠」などの言葉で示される国民の心情に高い価値を付与する言説が、明治神宮創建の背後にあった。平山は、当時それを表現するのに頻繁に用いられるようになる「感情美」という語でそれらを代表させ、興味深い論を展開している。

民衆の「熱誠」が世論を動かす

「熱情/至情/至誠/熱誠/真心/赤心/赤誠」などの「感情美」が注目されるようになったのは、二重橋前の平癒祈願以来のことだ。平山は天皇の深刻な病状が発表された一九一二年七月二〇日から天皇が崩御する三〇日までの天皇の病状を憂える人々の行動と、それを「熱誠・至誠」などの語で表現するメディアの報道のあり方の変化をたどっていく。重要な歴史ドラマの場として二重橋前が浮上する。参照される主要な資料は『東京朝日新聞』だが、あわせて他の諸新聞にも言及されている。

七月二〇日、最初の発表があった直後、全国各地で平癒祈願が開始されるが、その中心は神社だった。仏教の影響の強い地域として知られ、敬神の念が薄いと評される富山ですら、「今度の御大事に際し県民上下の熱祷は驚くまで非常のものにして、御発病以来常には参拝少き当社(国

琴平神社（上）と浅草聖天寺（下）における平癒祈願（帝国軍人教育会編『御大葬写真帖』、1912年、国立国会図書館デジタルコレクションより）

幣中社射水神社）へは昼夜参拝者絶ず」という状況となった（『全国神職会々報』一六七、一九一二年九月、平山著、一二六ページ）。東京市でも、発表当日、すでに増上寺・琴平神社・護国寺等が平癒祈願を行ったことが報じられた。その後、しばらくは神道、仏教、キリスト教それぞれの平癒祈願が報道されていた。

平山によると、他の諸地域では神社が平癒祈願の中心だったが、東京ではそうではなかった。「東京には後に誕生する明治神宮のような特別な求心力を有する国家的神社が存在しなかったためである。実際、ちょうどこの七月に東京市長に就任したばかりの阪谷芳郎が市民を代表して平癒祈願を行った神社さえ一つに定まっていなかった」（七八ページ）。東京に「特別な求心力を有する国家的神社が存在しな」いということの状況は、明治神宮の創建によって一変する。東京の初詣に求心的な神社が成立することにもなる。だが、そこに至るまでの媒介となる、聖なる祈りの場所が存在した。二重橋前広場である。

当初、二重橋前に平癒祈願の大群衆が発生すると想定していた人は少なかったらしい。それは、八月一三日になって、「期せずして二重橋前の集会を生ずるに至った」と「姉崎文学博士談」と付した記事が掲載された（『東京朝日新聞』）ことにも示されている。では、二重橋前に人が集まり、それがさかんに報道されるようになるのはいつか。まず、天皇の病状の発表から二日後の二二日に初めて二重橋前が登場する。二五日になると「二十四日午後宮城前二重橋畔には聖上御悩の御平癒を祈らんとて来るもの陸続として引きも断らず」との記事（『東京朝日新聞』）が掲載され、以後、連日のように報道されるようになる。だが、平山は「後に比べれば記事の調子はまだ冷静なもの」だったとする。

大きく転換するのは二七日で、「遥拝者皆泣く」「誰か至情に動かされざらんや」といった熱を帯びた記事が掲載されるようになる。二八日には「行け！行け！二重橋の辺に！」との呼びかけが掲げられる。「幼きがさゝやかなる手を合わせて只管《ひたすら》に拝める、身なり賤しきが地の上に土下坐とやらんして鼻打すゝりたる、親子兄弟一家を上げて来れるが声を呑みて只拍手をのみ打合わせたる、幾百列を正して小学児童の歩み寄れるが師なる人の命に従ひて儼かに首を下げたる、凡そ祈りまつる様こそ様々なれ、わが大君の御わづらひ片時も早く癒えて御命の幾千代かけて長かれとねぎまゐらする真心の面に出でざるはなし」（『東京朝日新聞』）。平山はこの段階で、「エスカレイトした情報に刺激された読者が二重橋前につめかけ、それを報じる報道がさらにエスカレイトするという、一種のスパイラル状態に入った」と評している（七九―八〇ページ）。

皇居前広場と二重橋前の聖性

では、このとき以前の二重橋前とはどのような場所であったのだろうか。原武史『増補　皇居前広場』（ちくま学芸文庫、二〇〇七年）によると、天皇が二重橋前に現れ、それが高度の儀礼的な意味をもつようになったのは昭和に入ってからのことだ。だが、皇居前広場は明治中期から天皇を歓呼する場となっていた。大日本帝国憲法が発布された一八八九年二月一一日、「宮城前の雑踏は非常の有様にて、軈て［陛下の］御出門あるや、其前の原に奉迎の群集は一声に万歳を唱へて坤軸《こんじく》をも撼《うご》かす計りに覚へ《マヽ》、小学校生徒の唱歌こそ其中に優しくも聞へけれ」（『毎日新聞』二月一二日）との光景が見られた（三七ページ）。天皇の乗る馬車に向かって人々が万歳を叫ぶのは、これが初めてだったという（牧原憲夫『客分と国民のあいだ』吉川弘文館、一九九八年）。

それから五年一〇ヶ月後の日清戦争の勝利を祝う「東京市祝捷大会」のときは、「有志団体を先きとして同園を進発し、隊伍整々宮城前に向て進行し、二重橋前に整列して両陛下万歳を三唱」した（『毎日新聞』一二月一一日）。これはその後の「戦勝祝賀式」の定番となっていった（『増補　皇居前広場』、三七―三八ページ）。一八九八年四月の「奠都三十年祭」では、宮城前広場が初めて儀式のメイン会場となり、多くの人々の前に短時間とはいえ天皇と皇后が人々の前に姿を現した。一九〇〇年五月一〇日の後の大正天皇の九条節《さだ》子（後の貞明皇后）との結婚式の折は、二人の乗った儀装馬車を見ようと、多くの人が詰めかけ、馬車は二重橋を渡って広場に出たところで立ち往生してしまった。

日露戦争後の一九〇六年四月三〇日に行われた「陸軍凱旋大観兵式」では、馬場先門から二重橋前に向かう道路は「馬場先門大通り」、現在の内堀通りは「凱旋道路」と呼ばれ、二つの道路の入り口の馬場先門と日比谷門には、それぞれ一時的に凱旋門が設けられた。一九一二年七月末の二重橋前での平癒祈願はこうした二〇年余りの経緯があって発生したものだ。だが、原武史はこのときは二重橋前だけでなく坂下門外に集まる人もおり、「二重橋はまだ完全なシンボルになっていなかった」(四五ページ)という。

明治天皇の崩御に際して、期せずして成立した民衆の「熱情」が二重橋前を聖なる空間とした。そしてそれが、おのずから明治神宮創建へ向けた大きな動きにつながっていく。平山昇はそう捉えている。

第8章　二重橋前平癒祈願と大衆の「熱誠」

明治神宮は大衆運動から生まれた

歴史学者の平山昇によると、明治神宮創建のルーツを二重橋前で行われた平癒祈願の際に発露した国民の「感情美」と結びつける語り方が定着していった。明治天皇の深刻な病状が発表されてから、一週間ほどの間に民衆が二重橋前に集まり、土下座して天皇の平癒を祈願する姿が注目されるようになる。そこに民衆の「熱情／至情／至誠／熱誠／真心／赤心／赤誠」があると報道され、ますます多くの人々が集まるようになる。感動の渦が起こり、国民がそこに巻き込まれていった。

それから一〇〇年以上を経た現代人は、オリンピックで劇的に勝利した日本選手をめぐって起こる感動の渦を思い浮かべるとよいだろう。ただ、この場合、感動の渦の中心には天皇そのものとともに、天皇の平癒を祈る民衆の姿があった。ところがその民衆の姿が二六日以降、大きく変わったという。二五日までは主に小学生の祈願が取り上げられ、掲載された写真は小学生を写したものと軍艦乗組員を写したものだった。

ところが、二六日になって新たなタイプの祈願者像が前面に出てくる。『東京朝日新聞』に掲載された「二重橋下の臣民」と題された写真が典型的なものだ。キャプションには「同日（二五日）午前十時三十分二重橋に跪《ひざまづ》きたる一老婦人なり」とあり、下駄を脱いで地面に土下座して一心不乱に平癒を祈る像である。この写真や類似の写真を掲載する新聞が相次ぐ。二重橋前での土下座祈願はアジア太平洋戦争敗戦の時まで続く。近代の神的な存在である天皇と「臣下」である国民との「至誠」に基づく一体感を表すイメージとして日本人の胸裏に焼き付いていくことになる。

平山がいう「語り方」は言葉だけの装置ではない。歴史表象ということでは、写真や絵画、儀礼やイベント、また記念建造物なども大きな役割を果たす。そこで、しばらく話を聖徳記念絵画館に移すことにする。

聖徳記念絵画館

明治神宮の創建が発表されてから四年後の一九一九年に着工され、明治神宮の鎮座祭が行われた一九二〇年から六年後の一九二六年に竣工した聖徳記念絵画館は、神宮外苑の中心的な施設であり、諸施設の中でも明治神宮と関わりの深い施設である。「聖徳」という語に示されているように、明治天皇の神的な意義をもつ生涯を示す目的で建造されたものだからだ。その構想は、すでに一九一二年の八月二〇日、東京市長、阪谷芳郎や実業家の渋沢栄一らによってまとめられ、神宮創建の方針を示した「覚書」に示されている。「外苑内へハ頌徳記念ノ宮殿及ビ臣民ノ功績ヲ表彰スベキ陳列館」などを設置するとあるとおりだ（打越孝明『絵画と聖蹟でたどる明治天皇のご生涯』新人物往来社、二〇一二年、一九四ページ）。この案は、明治神宮宝物殿と聖徳記念絵画館に具体化した。

聖徳記念絵画館には、当時の著名な日本画家・洋画家に依頼して、明治天皇の生涯を題材に制作された八〇の絵画作品が展示されている。最初の絵画の題は「御降誕」、最後の絵画の題は「大葬」である。前半の四〇点が日本画、後半の四〇点が洋画で、一九二六年の竣功時に奉納されたのは五枚にとどまり、すべてが奉納されたのは一九三六年のことである。四五枚目は「軍人勅諭下賜」、五五枚目は「教育勅語下賜」、七七枚目は「日韓合邦」、七八枚目は「東京帝国大学行幸」だが、七九枚目の題は「不豫」で田辺至の作品である。各絵画には解説が付いている。一九六一年刊行の図録から「不豫」の解説の一部を引く。

……七月十八日の夜、俄かに発熱され、昏睡状態に陥られました。宮中の驚愕は一方ならず、之を聞いた国民はひたすら御平癒を祈って、全国の神社仏寺に祈願し、特に都下近郊の老若男女は、皇居前の広場に伏して日夜祈願いたしましたが、御容体は日を逐うて篤きを加えられ、国民の熱禱もその効なく、七月三十日午前零時四十三分、御年六十一才をもって崩御されました。国民の悲嘆その極に達し、全国津々浦々は暗き哀愁の雲に覆われました。

二重橋前でひざまずき平癒を祈る民衆（帝国軍人教育会編『御大葬写真帖』、1912 年、国立国会図書館デジタルコレクションより）

『不豫』田辺至作（聖徳記念絵画館所蔵）

（『明治神宮　聖徳記念壁画集』明治神宮社務所、一九六一年）

そして、「この図は、皇居前広場において、多数の人が御平癒を祈願する夕方の光景でありま す」とある。近景にはさまざまな服装の数十名の土下座する男女が、そして遠景にはさらに多くの人々の定かではない姿が描かれ、その向こうには二重橋が見える。この図でもっとも目立つのは中央右手に見えるひれ伏した女性像だが、平山によるとこの人物こそ、七月二六日の新聞に掲載された写真の老婦人を表したものだという。これが明治天皇が死を迎える数日を代表する図柄となったのだ。

群衆が構成する「熱情」の新しさ

この二重橋前広場の平癒祈願の光景は、さまざまな祈りの仕草でさまざまな祈りの言葉を唱えたであろう「多種多様な祈禱者たち」が同じ場で祈る姿を具現して、平山はそこに新しさを見ている。メディアもこのことに注目し、記事に表現していたという。

二七日の紙面は「砂利の上に跪き或は数名数十名、神道何々、仏教何々と記せる提灯の下に集まりて大般若経を誦するあり、心経を唱ふるあり、或は天に向ひて黙祷し地に俯して祈願するあり」と報じ、翌二八日の紙面はさらに詳細を伝える。唯今大吉であるとの黙示《おつげ》がありました、最《も》うお良《よろ》しくおなり遊ばします」と大真面目に語る「那智の不動様信者」、「手巾《ハンカチーフ》を取出して涙を拭きながら、次第に『アーメン』（の声）が高くなる」救世軍の士官、山籠りをして滝に打たれたうえで汽車で上京してきたという「道了権現の行者」等々。数千人もの大群衆がいっせいに祈願をするだけでも壮観であるのにくわえて、土下座や多種多様な祈禱の姿がこの非日常的な雰囲気を極限化する作用をもたらしたことは想像に難くない。

（『初詣の社会史』、八二ページ）

平山が述べていることを、「大衆」という現象や「群衆心理学の登場」という歴史に照らして見直すこともできるだろう。ギュスターヴ・ル・ボン（一八四一―一九三一）が『群衆心理』を著したのは一八九五年、ガブリエル・タルド（一八四三―一九〇四）が『世論と群集』を著したのは一九〇一年、ジクムント・フロイト（一八五六―一九三九）が『集団心理学と自我の分析』を著したのは一九二一年、ホセ・オルテガ・イ・ガセット（一八八三―一九九五）が『大衆の反逆』を著したのが一九二九年である。これらの学者・思想家・著述家は、一九世紀の末から二〇世紀の初めに欧米社会で経験されるようになっていた群衆（群集）という現象に深い印象を受け、新たな人間観を紡ぎ出した人々である。

彼らの洞察は、明治から大正への変わり目の日本で経験されたことを理解するのに、大いに役立つように思われる。実は、第1章ですでに関連する主題にふれている。一九一二年に刊行されたエミール・デュルケムの『宗教生活の原初形態』で、デュルケムは「集合的沸騰」について触れていた。一九一二年の日本の社会で起こったことを、この著作は言い当てているようにも思われるということであった。群衆という現象をデュルケムは「社会とは何か」、「宗教とは何か」を捉える基軸になるものとして注目した。他方、ル・ボン、タルド、フロイト、オルテガらは、群衆という現象の心理的特性に注目し、そこに近代人の新しい人間性の発現を見ようとしたのだった。

モスコヴィッシ『群衆の時代』

七〇年ほどを経てから、これらの学者・知識人が切り開いた新たな知の地平を「群衆心理学」の名で捉えた著作がまとめられた。セルジュ・モスコヴィッシ（一九二五—二〇一四）はこう述べている（『群衆の時代』法政大学出版局、一九八四年、原著、一九八一年）。

> われわれの世紀に先立つ世紀がわれわれに残したイメージははっきりしている。荒々しくて柔軟な、流動的民衆（mobile vulgus）の爆発の世紀である。外部から見れば、そこには、一種の社会的錯乱にとらえられて、個人の誰もが溶け込んでしまった無定形な人間という物質の密集化が観察される。「熱狂した群衆の磁気作用が彼を捕えてしまっていた」とフロベールは、一八四八年の革命がおこした集団的陶酔にすっかり酔ってしまった彼の主人公フレデリックを、この時代にすでに提示している。（三七ページ）

ここであげられているのは、フロベール（一八二一—一八八〇）が一八六九年に刊行した『感情教育』の一節である。フロベールはフレデリックについて、「彼は、あたかも人類全体の心臓が自分の胸の中で高鳴っているかのように、無限の愛、崇高で普遍的な感動のほとばしりに、ぞくぞくと身をふるわせていた」と記している。フロベールにとってこれは珍しい特別な経験だった。だが、それから半世紀を経て群衆は日常的な現象となる。社会そのものの大きな変化が群衆現象に現れているのだ。

事実、社会は、しだいに、霧吹き［粉砕機］のようなものとなる。つまり社会は、さまざまな宗教的信仰を分裂させ、伝統的絆を解きほぐし、諸集団の連帯をぶちこわすのだ。霧の一粒に変えられた個人は、都会のジャングル、工場の砂漠、オフィスの灰色の生活の中で、自らの孤独に引き渡され、自己自身の欲求と格闘する破目になる。こうした多様な微粒子、こうした多数の粒々が、不安定で乱暴な混合状態で一緒になる。（三八ページ）

二重橋前という場が群衆を現出

『群集心理』の中で、ル・ボンはこれを「群衆の時代」とよんでいる。「われわれの古き信仰が揺らいで消滅し、社会の古き支柱がつぎつぎに崩壊する時、群衆の行動は、何物によっても脅かされず、その威光がますます増大する唯一の力である。われわれが足をふみ入れた時代は、群衆の時代（l'être des foules）となるだろう」（同前）。平山が描き出す二重橋前の民衆の光景は、モスコヴィッシがいう「群衆の時代」を思い起こさせるものだ。その新しさは、そこには「個人」がいること、また、「自由」が現れていることにも見て取れる。

平山は二重橋前平癒祈願についての姉崎正治の興味深いコメント（「二重橋外の祈禱に付きて

姉崎文学博士談」『東京朝日新聞』一九一二年八月一三日）を引いて、要約している。

曰く、「我国従来の社会」では「人民に祈る熱誠があつても只箇々別々に祈る丈けで国民全体としての感情を表すことは之を為し得ざる事情」があったのだが、「現今は集会言論の自由がある」ために「期せずして二重橋前の集会を生ずるに至」り、「祈の方法が斯の如く団体的になつた為その熱情も一層高まつた」。つまり、平常であれば個別に行われるはずの宗教的・民俗的な祈禱行為が、「集会言論の自由」という国民の権利の行使によって二重橋前に結集することになり、その結果エスカレイションが生じたという見方である。（八三ページ）

個人主義、自由主義が唱えられ、また観察される時代だからこそ、群衆現象は頻繁に生じ、さらに日常を形作っていく。日本では日露戦争あたりからその現象が目立つようになった。そして、それが明治天皇の死をめぐる人々の「熱誠」、そして新たな天皇崇敬の組織化を励起させていったのだ。

第9章　群衆が育てた国家神道

民衆の「熱誠」とマスコミの反応

一つの小さな情景とその情景にフォーカスした記事が、歴史を動かす力学を照らし出すこともある。平山昇の『初詣の社会史』第三章の「二重橋前平癒祈願と明治神宮創建論争」は、「二重橋下の臣民」を描いた一九一二年七月二六日の『東京朝日新聞』の記事をそのような歴史的意義をもつ資料として捉えている。平山はこう述べている。

これまでの天皇の代替わりをめぐる先行研究では、全国で大々的に行われた平癒祈願について、神社での平癒祈願を中心とする「上から」の動員の側面が強調されてきた。だが、こと東京においては、「集会言論の自由」を行使するという国民の自発性と、神社ではなく二重橋前広場という物理的にも雰囲気的にも開放性の高い場が結びついたことによって、身分・信条・民俗・宗教などを問わず多種多様な人々が自発的に一つの場所に集まって思い思いに天皇の平癒を祈願する未曾有の「大群集」が出現したのである。（八四ページ）

軍人勅諭や靖国神社や教育勅語、あるいは戦争や祝祭日のシステムなどを通して、国家神道は民衆に浸透していった。日清・日露の戦争を経て、神聖な国体と天皇を崇敬し、君民一体のすぐれた精神で他国に優越するといった考え方を民衆が身につけ、それを表出するようになる。当座はそれに違和感を感じていた新聞等のマスコミの書き手たちが、やがて神聖天皇のために祈る人々を賞賛するようになっていく。新聞が神聖な国体と天皇崇敬を鼓吹する傾向が一段と強まっていくことになる。

平山によると、当初は二重橋前の群衆による思い思いの祈祷は賞賛されるばかりではなかった。従来どおりならば、非文明的な迷信的行為として非難されたり嘲笑されたりするような側面が目立った。八月一三日の『東京朝日新聞』にある「二重橋外の祈祷に就きて　姉崎文学博士談」という記事では、宗教学者、姉崎正治の「中には随分奇妙な遣り方も交つて居て、之を極端に言はば百鬼夜行と言はれても致方のない様な状態もあつた」とのコメントが見られたりもした。ところが、次第に天皇のために熱烈に祈る民衆を賛美する言説が支配的になっていく。七月二八日の「行け！行け！二重橋の辺に！」という記事に「わが大君の御わずらひ片時も早く癒えて御命の幾千代かけて長かれとねぎまゐらする真心」という表現があるのがその早いものだ。ここでは「真心」とあるが、「至誠／至情／熱情／熱誠／赤心／赤誠／感情美」などの語がさかんに用いられるようになる（八四―八五ページ）。

「群衆と個人」の時代

平山は「感情美」という語に代表させているが、東京高等商業学校教授の上田貞次郎の日記にはこの語が用いられている。七月二五日に学校からの指示で参内して「天機伺」を行い、翌日に二重橋前に赴いて平癒祈願を行ったときの印象を記したものだ（八六ページ）。

二十六日　夜、二重橋外に集る群集に混りて御平癒を祈る。群集中には地上に座して頭を下ぐるもの、直立して呪文を誦するもの、火を掌中に点ずるものなどありて、余等の眼には稍《やや》異様の感あるも、兎に角敬虔熱烈の態を失はず。陛下に対する人民の感情美に打れざる能はず。

非日常的な現象である「群集」に接し、いつしかそこに巻き込まれながら、「異様の感」にとまどいつつ「感情美に打れ」る――これは「群衆の時代」に広く見られた事態だった。群衆心理学の論者たちもそのことに注目していた。

セルジュ・モスコヴィッシ『群衆の時代』（古田幸男訳、法政大学出版局）は、一八八八年に発表されたモーパッサンの作品『水の上』を取り上げている。地中海のヨット「ベラミ」の船上から、フランス社会のあらゆる集団の俗悪さを憎む言葉を連ねた独白録だが、そこから、以下のような一節を引用している。

わたしは劇場に入ることも公的な祝いごとに立ち合うこともできない。そのことにわたしは、すぐさま、まるで抗し難い不可思議な作用と全力で戦うかのごとき、奇妙な、耐えられない困惑を覚え、恐ろしい苛立ちを感ずるのである。そして事実わたしは、わたしの中に侵入しようと試みている群衆の魂と戦うのである。何度となくわたしは、人がたった一人になるやいなや知性が高揚し強大となることを見たし、ふたたび他の人々と混じり合うや、弱体化して低下するのを確かめた。人との接触、普及した観念、人が語る一切のこと、人が耳を傾け、聴き、答えざるを得ない一切の事柄は、思考に作用を及ぼす。さまざまな観念のうねりは、頭から頭へ、家から家へ、町から町へ、都市から都市へ、民衆から民衆へとむかい、ある水準が確立される。(中略)単独の人間の知的な創意、自由意志、聡明な熟慮、それに洞察されたものの美質は、その人間が他の多くの人々の中に混じりこむやいなや、消滅してしまうのが普通である。(『群衆の時代』、二六ページ)

モスコヴィッシはここに、「知性の均一化、自発的創意の麻痺、集団的魂による個人的魂の植民地化、群集の中に混じることによって生ずるさまざまな、想定し得る結果のすべて」を読み取っている。それは自分が群衆に巻き込まれない個人として、堅固な立ち位置をもっているということではない。群衆を嫌悪する個人であったはずなのに、いったん群衆のなかに入ってしまうと個人としての理性的な思考はもう消え去っている。「……群衆は、その群衆の中の各個人が個人であったときには決してしなかったであろうことを、なぜ自然発生的にするのだろうか?」とモーパッサンは問うている(同、二七ページ)。モーパッサンは嫌悪している群衆に巻き込まれないことに確信をもてないのだ。

石橋湛山が「モッブ」と呼んだもの

モーパッサンがもっていた群衆への警戒心は、明治神宮創建に向かう大きな流れのなかでも消失したわけではなかった。神宮創建に対する異論は当初、珍しいものではなかった（山口輝臣『明治神宮の出現』吉川弘文館、二〇〇五年）。東北帝国大学総長・沢柳政太郎、東京市助役・田川大吉郎などのものがよく知られている。だが、若手ジャーナリスト、石橋湛山（一八八四—一九七三）の異論は、群衆現象にふれている点で独自である。日蓮宗の寺院で育てられた後、早稲田大学に学び、一九〇八年に東京毎日新聞社に入社、一九一一年に東洋経済新報社に移っている。発行部数の少ない雑誌に掲載され反響は少なかったようだが、論旨はなかなか鋭いものがあり、見直す価値がある。

石橋湛山は東洋経済新報社に属しながら、月刊の『東洋時論』を主な執筆の場としていたが、『石橋湛山全集』第一巻には、明治神宮創建構想を批判するこの時期の三つの文章が収録されている。『東洋時論』「社論」の「思慮なき国民」（一九一二年九月号）、同じく「評論」の「愚かなる神宮建設の議　ほか」（同号）、『東洋経済新報』の短評「社会」の「何ぞ世界人心の奥底に明治神宮を建てざる」（一九一二年八月一五日号）である。このうち「愚かなる神宮建設の議　ほか」には、以下のような一節がある。

或る一部から多大の希望を嘱せられて東京市長の椅子を占めた阪谷芳郎は、その就任最初の第一の事業として、日枝神社への御詣りをした。それから第二の事業として明治神宮の建

明治神宮創建の背後の熱情への批判

阪谷芳郎（国立国会図書館「近代日本人の肖像」より）

設に奔走しておる。そうしてその第一の事業もなかなか世間の賞賛を博したが、第二の事業はまた素晴らしい勢いで、今や殆ど東京全市の政治家、実業家、学者、官吏、それからモッブの翼賛する処となっておるようである。(『石橋湛山全集』第一巻、二三二―二三三ページ)

ここで湛山が「モッブ」というのは何を指すのだろうか。「モッブ」といえば、当時なら日比谷焼き打ち事件を思い出した人もいたかもしれない。一九〇五年九月五日、ポーツマス条約に反対する日比谷公園での集会をきっかけに内務大臣官邸、国民新聞社、交番などが焼き討ちされ、翌日、戒厳令が敷かれるに至った事件である。「暴徒」という訳語が思い浮かぶ。だが、湛山は天皇のために祈り、明治神宮創建に喝采する民衆を「モッブ」と呼んでいるかのようだ。想起されるのは二重橋前に集まり、明治天皇の回復のために「熱誠を捧げた」民衆たち、そしてやがて乃木希典の殉死を賛美してその葬儀に繰り出した人々、またこうした「熱誠」をほめ、それにならうよう促した人々である。

「愚かなる神宮建設の議」の後半では、「愛国を看板の表章屋」との見出しの下に、脅すように人々に「熱誠」に倣うことを促し、それを利用しようとする人々を批判した箇所がある。

牛込の榎町には、愛国者の為めに云々の文字を看板に掲げて喪章を売っておる店がある。また先頃、日本橋本石町通りには「足下は何故に哀悼の意を表する喪章を佩用せざるか、御大恩を忘却したるか、咄此《やあ》の人非人奴」と認めた紙片を、通行人中の喪章を付せざる男女に予め突きつけ置き、その後から喪章を強売して歩いた数人の書生風をした商人もあったそうである。困ったものである。（同、二三四—二三五ページ）

これは群衆がかもし出す興奮に便乗するエゴイストということになるが、湛山は実はそれが明治神宮創建を唱える政治家や社会指導層にもあてはまるという。そしてそのようなお偉方が群衆を利用しようとしているのが日本社会だという。

しかし、考えて見れば、これは必ずしも彼れ等ばかりではない。堂々たる政治家、堂々たる官吏、堂々たる学者、堂々たる実業家、堂々たる教育家、堂々たる軍人にして、またこれに類したことをしておるものがある。否、斯ういう質のことをする政治家、官吏、学者、実業家、教育家、軍人でなければ「堂々たる」能わない日本である。唯だかの商人とこの堂々たる紳士との違う処は、彼れの機関なく、金なく、知恵なく、自動車なきに反して、これが堂々たる国家の機関を利用し、国費を費し、洋行をし、洋服を着、自動車を走らし、或は刀をつるしておる事である。

かの商人の為せる処を、困ったものだと見、苦が苦がしいと感じ、佞気《ねいき》を帯びていると思うものは、宜しくその同じ眼を転じて、我が社会の真相をみよ。(同、二三五ページ)

「佞気」の「佞」は「おもねる」「へつらう」「口がうまい」といった意味をもつ文字だ。湛山は二重橋前を賛美する人々が、権力にへつらい、「モッブ」に混じりこみ、理にかなった秩序を崩すような働きと支え合う動きが、当時の日本社会の基底にあると見ている。

湛山は伝統仏教各派もそこに紛れこもうとしているとして嘆じている。各宗合同の会合で御大喪から三日ないし五日間、一般庶民に対し殺生禁断を発してほしいとの請願を宮内省に提出することを決めたという情報があるという。動物を食さないという意味での殺生節制をふだん重んじてもいない僧侶らが、天皇への敬意を利用してこのような自粛を民に求め、民の正当な生業を妨げるようなことがよく言えたものだ、と湛山の評価は厳しい。日々の平穏な暮らしを軽んじる群衆の熱狂、そしてそれに便乗する社会指導層が厳しく批判され、明治神宮創建はそのような気運に乗ったものだと捉えている。群衆の台頭に促されながらの無責任体制へ、また神聖天皇を仰ぐ全体主義的体制へと向かっていく戦前日本を、一九一二年の時点で的確に捉えた論と言えるだろう。

第10章　石橋湛山が捉えた集合的沸騰の日本

「明治賞金」の創設という案

明治天皇の死が近づくと二重橋前広場で民衆の熱狂的な祈願が行われ、死の報を受けるとすぐに明治神宮創建の声が上がった。世のこの動きに異様なものを感じ取り、それに批判の目を向けたジャーナリストに石橋湛山（一八八四―一九七三）がいた。『東洋時論』に掲載された「評論」の「愚かなる神宮建設の議」（一九一二年九月号）で、湛山は東京市長、阪谷芳郎らによって早くも唱えられた明治神宮創建論を鋭く批判した。

湛山は明治天皇の「偉大な事績」を否定しようというのではない。明治天皇が切り開いた地平を受け継ぎ発展させるようなことを考えるべきであるという。「憲政はどうである。産業はどうである。民の福利は何うである。これ等のものは果して今、先帝陛下の御意志通りになっているのか」。こうしたことを考えるべきだが、「これ等のものは棄て置いて、一木石造の神社建設に夢中になって運動しまわる」。これは情けないことだと嘆く。

東洋経済新報社新社屋の正面玄関前に立つ湛山主幹（50歳）（一般財団法人石橋湛山記念財団提供）

かわって、湛山が提案するのは、「明治賞金」を作ることである。「僕は一地に固定してしまうようなけち臭い一木石造の神社などを建てずと《ママ》、「明治賞金」を作れと奨めたい」と言う。

ダイナマイトの発明者アルフレッド・ノーベルが若しその遺産を彼れの記念碑や何かに費やしてしまったとしたならば何うであろう。彼れは疾くの昔に世人から忘れられてしまったに違いない。しかし彼れはその資産を世界文明の為めに賞金として遺した。而して彼れは眇たる一介の科学者でありながら、永遠に世界の人心に記念せらるべき人となった。

況や一国の元首、しかも前古未曾有の大なる東西文明接触の時期に際して、その接触点たりし日本に元首であられた　陛下、その陛下の記念として、「明治賞金」を設定す、その世界の人心を新たにし、その平和、その文明に貢献する力の幾何なるや、殆ど計り知るべからざるものがある。（『石橋湛山全集』第一巻、二三三―二三四ページ）

神社の創建ではなくてノーベル賞に比されるような「明治賞金」をという湛山の提案は、現在の日本が世界文明史的な大きな課題を背負いながら歩んでいるという国家的ビジョンにそった記念事業こそ、明治天皇を称えて起こすにふさわしいものだという主張である。個人を礼拝対象とするような神社創建などに熱を上げるのではなく、社会の発展に役立ち文明の課題に向き合うようなことを起こそうというのだ。

「熱誠」に引きずられた付和雷同

だが、湛山の意図する批判の中心は、むしろ明治神宮の創建を唱える人々が引き起こし、またその勢いに乗ろうとしている偏狭なナショナリズムと群衆的な熱狂のもたらす閉塞にあった。「評論」として「愚かなる神宮建設の議」が掲載されたのと同じ『東洋時論』一九一二年九月号に掲載された「社論」の「思慮なき国民」では、「先帝の御不予に際し、はた崩御に接し、国民の熱禱は深く諒とするが、果して心の錯乱顚倒の気味はなかったろうか、悲みの為めに悲み、泣く為めに泣き、哀悼の中に没頭した傾きはなかったであろうか」と論じている（同、一一二ページ）。日本人はかくもやすやすと「心の存在を失い、自己を失」う恐れのある国民なのか。「心の存在なく自己を失える場合に、よしそこに如何なる行動があったとしても、果して真の中宮内国の至誠があり得るであろうか」（同前）。これでは国家は危ういという。

とくに問題なのは、こうした感情の高揚を利用して、そこに政治的意図をもぐり込ませることだ。「殊に恐るべきはかかる衝動に由る感情の熱せる時に限って、その感情を祭り込む為めに色々不熟の計画が発企せられることである。而して一人が提唱すると天下之に付和雷同して、事の善悪利害を碌に研究もしないで之れを即決実行し、後日に大悔を遺すことの往々あることである」(同前)。湛山がこのように述べるのは、付和雷同による異論への攻撃、封殺が行われることが懸念されたからだ。明治神宮創建の是非はかんたんには決められない。「少なくもその可否に就ては大に研究の余地がある。然るに神宮建設の反対論を立てると、少しもその議論に耳を貸さないで、直ちに不忠不義乱臣賊子を以って罵り、感情の熱湯を浴びせかけて圧迫し、敢て口をあかせない」(同前)。

何れの場合に於ても付和雷同は決して真理を闡明する所以ではない。而して真理の闡明は各個人が銘々その色彩を鮮やかにし、自由討議の精神の発揮に待つの外はない。かくしてそこに始めて凡ての問題に就いて、深き自覚があり、明かな理解がある。故に其の問題に対して国民は悉く責任の観念を伴う。故にその立つ基礎は固く、その動くや岩をも通す力がある。吾輩は日清戦争の当時、一人の非戦論がなかったことを今に遺憾に思う。日露戦前に当たり、十分に反対論の挙らなかったことを深く残念に思う。若し此の両場合に於いて、共に十分の反対論が起って研究が尽されたならば、此等の両戦争の意義も目的も、国民の間に一層能く理解せられ、従って国民銘々は一層深き自覚を持って事に従い、更に又一層能くその目的を到達し、更に一層その収穫を増加することが出来たであろう。

吾輩はこの意味に於いて、明治神宮の建設に就いても、十分に反対論を挙げさせて、遺憾なき討議を尽した上で、その可否を決することにしたいと思う。濫りに感情を以って他を圧

迫することは甚だ宜しくない。(同、一一三ページ)

挙国一致の御祭り騒ぎ

「思慮なき国民」では「付和雷同」をキーワードに論じているが、『東洋経済新報』の短評「社会」の「何ぞ世界人心の奥底に明治神宮を建てざる」(一九一二年八月一五日号)では、「挙国一致」や「御祭り騒ぎ」がキーワードになっている。これらは、「愚かなる神宮建設の議」の「モッブ」に対応する用語だが、それ以上に歴史的文脈との関連が深い。

蓋し多くの人の間には常に物事を冷静に考え得る人も無いことはあるまい。従って心の中には窃かに世間の徒らなる御祭り騒ぎを遺憾にまた苦が苦がしくも感じておる人があるであろうが、しかしそう心では感じていても、場合によっては容易にこれを口に出して世に反対することの出来ない時がある。而して俗人も識者も相共に何人が主張するともなき愚論に引きづられて飛んでもなき方角に走って行く時がある。(同、四八八ページ)

ここで、湛山は日清戦争のときに故山田一郎が「所謂挙国一致なることの日本の為めに悲しむべきことである」と述べたというのを聞いたことがあり、「さすがにえらいと感じたことがある」と述べている。山田一郎(一八六〇―一九〇五)は東大文学部時代に小野梓らと知り合い「鷗渡会」を組織し、立憲改進党の創設(一八八二年)に参画し、卒業後は東京専門学校で教鞭をとりながら『内外政党事情』の記者を兼務した人物である。湛山とは二五歳の年齢の開きがあり交流があったかどうかは不明だが、湛山は早稲田大学（一九〇二年に東京専門学校が改称）に学んだことから山田について親近感を感じていたかと推察できる。

湛山は続いて、「挙国一致とは往々にして国民の判断力を失ったことを意味するのである、盲目になったことを意味するのである」と述べている。湛山はこれを受けて、『東洋経済新報』一九一二年一〇月五日号の短評「社会」にも「盲目的挙国一致」という題の一文を寄せている。「挙国一致とは、往々にして無討究ということを意味する。盲目的雷同ということを意味する。然るに我が日本には、この無討究の挙国一致、盲目的雷同の挙国一致が頗る盛んだ。そうして啻に戦争とか何かという非常の場合に於いてこれがあるのみならず、平時に於いても多くの事がこれで決せられて行っておることは、殆ど驚くべきものがある」と述べる（同、五〇〇ページ）。

続いて英国との比較論が示される。英国では「帝国主義を旗幟とする保守党と、非帝国主義を標榜する自由党とがある」。両者は互いにその意見を戦わせあって、国民の輿論を問い、そこから国務を遂行していく。ところが、日本では「桂公が出ても帝国主義、政友会内閣が組織しても帝国主義、また国民党の主張する処を聞いても矢張帝国主義」で、異なる意見というものがないから、「議論を戦わせる必要も無ければ、国民の輿論に問う必要もない。すなわち挙国一致で何事も問わず、帝国主義を遂行しておるのである」（同、五〇〇―五〇一ページ）。

異なる意見を出し合って討議することの意義

この論点は湛山の政治評論の長期的なモチーフに関わっている。対外政策において、異論がなく帝国主義・膨張主義一辺倒であることが国を危うくしていると見抜いているのだ。そして、論は乃木大将の殉死をめぐるメディアの反応に及んでいく。「先きに論評した明治神宮の事の如きもそれであるが、近頃乃木大将夫妻の自殺に伴って起った現象の如き、吾輩は殆ど呆れ返らざるを得なかった」（同、五〇一ページ）と湛山は述べ、こう続けている。

或る博士の処へは、その博士が新聞へ意見を発表して、乃木大将の情は諒とすべきも、その行は決して今後の国民の模範にするには足らぬと言うたとかで、その後毎日脅迫状が飛び込んだそうである。また或る博士は、前の博士と略ぼ同様なる事を或る学校の講堂で述べたが為めに、学生の排斥する処となったそうである。吾輩は今敢てここに乃木大将の行為を論ぜんとするものではない。故にここに挙げた博士等の言が果して乃木大将の評として善かったか悪かったかは問う処ではないが、しかし我が国民は、その善いと悪いと、気に入ると入らぬとに拘わらず、なぜ議論のある人には、あるだけの議論をさせないのであるか、吾輩の嘆かわしく思うのはこの点である。（同前）

ここで湛山は多様な意見があるのが当然であり、それを明らかにして討議するからこそ力強い政治的決定が行われるのだと論じている。多様性を前提とした民主主義の適切なあり方について、二〇一〇年代の日本政治に立ち会っている私たちにとっても有益な立論だろう。「意見というものは、人の面が異る如く、異るものだ。しかしその異った意見が集って一つのものに統一せられる処で、初めてここに間違いの無い健実な意見が出来るのである」（同前）。

ジャーナリストとしての経歴をスタートさせてさほど時を経ぬ時期の若き石橋湛山は、明治天皇の平癒祈願、明治神宮創設論の登場、乃木希典の殉死と続く、一九一二年の日本の集合的沸騰について、また群衆現象の顕在化について重要な論点を提示していた。そこに含まれている鋭い洞察は、戦後七〇年を経て明治維新から敗戦に至る時期、またその後現在に至る時期の日本を見直そうとしている私たちに多くの示唆を提供しているように思われるのだ。

第11章　天皇への「熱誠」の美化と桐生悠々の抵抗

民衆の「熱誠」が高く評価される

明治天皇の死が近づいていることが報道されてから、明治天皇の葬儀へ、また乃木希典の殉死とその葬儀への過程をたどっている。一九一二年の後半のこの数ヶ月の間に民衆の天皇崇敬がメディアを動かし、神聖天皇崇敬が高揚し、大きな国家神道キャンペーンが行われることになったのだ。

明治天皇の死が近いことが初めて報道されたのは一九一二年七月二〇日、二五日には「二十四日午後宮城前二重橋畔には聖上御悩の御平癒を祈らんとて来るもの陸続として引きもきらず」と二重橋前に注目する報道がなされる。平山昇によると、この二重橋前の平癒祈願報道が熱を帯びるのは二七日で、「遥拝者皆泣く」「誰か至情に動かされざらんや」といった表現が新聞紙面に踊るようになり、二八日には「行け！行け！二重橋の辺に！」と煽動と言ってよいような呼びかけがなされるに至る（『初詣の社会史――鉄道が生んだ娯楽とナショナリズム』東京大学出版会、二〇一五年)。

七月三〇日の明治天皇の崩御によってこの「熱誠」は鎮まるどころではなく、いっそう熱を帯びたものとなり、その後、明治神宮創建という案に人々の熱誠が新たなはけ口を見出していくことになる。この熱誠の高まりに知識人たちはどう反応したか。石橋湛山のようにそこに「モッブ」に通じる何かを見るというのは必ずしも少数者の特別な反応ではない。多くの知識人はそこににわかに称賛できないものを感じた。だが、次第にその評価が変わっていく。それについて、平山昇はこれまでも二度参照している「姉崎文学博士談」を引いて次のように述べている。

ところで、二重橋前で繰り広げられた土俗的とさえいえる多種多様な祈祷行為は、従来は非文明的な迷信行為として知識人からしばしば非難あるいは嘲笑されていたものであり、実際、翌月には姉崎正治によって「中には随分奇妙な遣り方も交つて居て、之を極端に言はゞ百鬼夜行と言はれても致方のない様な状態もあつた」(「二重橋外の祈祷に就きて　姉崎文学博士談」『東京朝日新聞』八月一三日)などと評されている。しかし、行為自体の適否はともかくとして、このときの民衆による祈祷行為が、自己の現世利益などではなく天皇の平癒を願う気持ちによるものであるということは、誰にも否定しえなかった。そこでこの祈願の「大群集」を目の当たりにした知識人たちが異口同音に唱え始めたのが、行為そのものは賞賛しないものの、その行為の背後に天皇を思う「感情美」を見出すという評価である。(八四―八五ページ)

第9章ですでに述べたように、平山は「感情美」という表現に代表させているが、同様の意味をもって用いられた語に「至誠／至情／熱情／熱誠／赤心／赤誠／真心」などがある。「感情美」という言葉を用いた例として、平山は東京高等商業学校（後の一橋大学）教授だった上田貞次郎の日記を示している。上田は学校からの指示で七月二五日に宮中へ参内し「天機伺」を行ったが、それでは気がすまず、翌日、二重橋前での祈祷に参加した。

二十六日、夜、二重橋外に集る群集に混りて御平癒を祈る。群集中には地上に座して頭を下ぐるもの、直立して呪文を誦するもの、火を掌中に点ずるものなどありて、余等の眼には稍異様の感あるも、兎に角敬虔熱烈の態を失はず。陛下に対する人民の感情美に打れざる能はず。（八六ページ）

上田貞次郎（パブリックドメイン）

一九〇五年には日比谷焼き討ち事件があり、一九一〇年には大逆事件が起こっている。民衆の「熱情」に不安を抱く理由は小さくなかった。だが、それが天皇陛下への熱情へと転換して現れたことに安堵するようなところもあったのではないか。平山はそのように推測している。

明治神宮創建論が「熱誠」賞賛を引き継ぐ

明治天皇崩御後、明治神宮創建論が注目されるようになるとほとんどの新聞はこれに同調し、満場一致の雰囲気が形成されていった。平山は以下のように述べている。

例外的に『読売』には「千百年に亘る計画考慮なく唯一時的熱情に駆れたるが如き結果と為るの虞ある計画には反対なり」という「某宮内大官」による反対論が掲載されたが、これに対しては「人心の帰嚮は明治神宮を奉建する事に殆ど一致し統一されて居る。統一されたる思想感情は小理屈以上のものである。之を破壊せんとする国民の思想感情の敵である」などと激越なバッシングが加えられた。総じて推進論と反対論が議論するという状況とは程遠いものであった。（八九ページ）

もっともこれまでに紹介してきた『東洋経済新報』や『東洋時論』の石橋湛山の議論はあり、『東京朝日新聞』でも、先帝陛下を讃えるのに「神社」という形をとるのはどうかという反対論も掲載された。仏教に関わりが深かった東北帝国大学総長の澤柳政太郎の論やキリスト教徒からの論である。これに対して、「思ひつぎつぎ」という欄で論争が進むが、そこで新たに「感情美」の意義が主張されていく。一一月一六日の「北海道某氏」の神宮反対論に対する一八日の「純日本人氏」による投稿は次のようなものだ。

明治神宮を造りでは宗教的色彩を帯ぶ、異教徒に対して不都合なりと云ふ北海道民の不心得を余は日本臣民として感ず。神宮に対するは国民の至情感情美なり、感情美の窮極、宗教

美と一致するかも不知。それは第二の問題なり。異教徒云々は腰抜議論也。(九七ページ)

これは「感情美」が高次の精神的次元の表現であるという理由を付与して、それを称賛するものだ。この論は、第1章で紹介した加藤玄智の『神人乃木将軍』(一九一二年一一月刊)の論を思い起こさせるものだ。加藤が立ち上げた明治聖徳記念学会の設立趣意書には、「時偶々　明治聖帝の登遐に遇ひ奉り全国民を挙げて中々の至情禁ずる能はざるものあり、貴賤老少各その分に応じて争ひて、哀悼の赤誠を捧ぐ、是れ我等亦聖帝洪恩の万一に酬い奉らんとする微衷《びちゅう》……」と記されていた。

加藤は宗教進化論にのっとって神道には高次の宗教性が乏しいと見ていたのだが、明治天皇の逝去をめぐる集合的沸騰の中に、神道に欠けていたはずの高次の宗教性が宿っていると受け止めたのだった。同じ年に刊行された「ある新しい宗教の発明」でチェンバレンが「ミカド崇拝」に「新宗教」を見たのもこうした捉え方を踏まえてのことだった。

乃木将軍の殉死をめぐる論調への抵抗

二重橋前広場の熱誠、明治神宮創建論に加えて、一九一二年の「ミカド崇拝」をいやが上にも高めたのは、乃木希典夫妻の殉死だった。第3章、第5章で触れたように、乃木将軍夫妻の殉死は新たな熱誠を引き起こした。また、第3章、第4章、第5章で述べたように、当初は乃木の殉死に批判的な声が多かったマスコミの反応が、民衆の熱誠になびくようにわずか数日のうちに乃木殉死賛美一色に染まっていく。だが、この論調に抵抗する論がまったく示されなくなっていったわけではない。第9章、第10章で紹介した石橋湛山は明治神宮創建案に反対するという形で、抵抗を続けた。

この間、一貫して熱誠への同調を拒否する論陣を張り続けたのは、『信濃毎日新聞』の桐生悠々（一八七三―一九四四）だった。井出孫六は天皇の病状発表の直前から御大喪の直前に至る時期に、桐生が執筆した『信濃毎日新聞』の社説の題を並べている（井出孫六『抵抗の新聞人 桐生悠々』岩波新書、一九八〇年）。七月一八日「我等は自由の市民である」、七月二二日「聖上御不例――神経過敏な日本国民」、七月二三日「桂公帰るべからず」、七月二五日「命は唯今、世は百代」、（ウラジオ旅行のため一〇日ほど社説欠）、八月七日「神経質な国民」、八月一五日「大正の新政界」、八月一六日「平生が大事――桂公論」、八月一七日「ビスマルク公の末路――元老の、末路如何」、九月一日「不言実行主義――専制時代の遺物」、九月一〇日「休業と謹慎」。

御大喪の日は東京で取材し、いち早く乃木殉死の情報を得、東京の中央紙より早く号外を出すことができた。そして、九月一九日から三日間、桐生の執筆による「陋習打破論――乃木将軍の殉死」という社説が『信濃毎日新聞』に分載されていく。その書き出しは以下のとおりである。

我等はさきに明治天皇の大喪儀を遥拝した際、明治元年を以て御発布となった、同天皇の所謂五箇条の御誓文に想到して其精神の在る所を徹底せしめんことを誓った。其御誓文の一条に「陋習を破り、天地の公道に就く可し」と云う件《くだり》がある。我等はここに此観念を以て、

しばらく乃木将軍の殉死を論じて見ようと思うのである。（『抵抗の新聞人　桐生悠々』、一一一ページ）

桐生が見定めた「陋習」と「文明」

乃木の殉死を「陋習打破論」という観点から捉える。そして、その立場の正統性を明治維新の根本理念を示す文書の一つとして受け止められてきた「五箇条の御誓文」に求める。これが桐生の戦略だった。そして、論は以下のように続いていく。

乃木将軍の自殺もしくは殉死は、さすがに内外の人心を興奮せしめた。而して之に対する批評は、区々にして一定して居ないが、概して言えば、日本人は大抵之を可とし、西洋人は大抵之を非として居る。もとより国情の然らしむる所であって、其間に是非の区別を為すことは出来ないが、之を「天地の公道」と云う明治天皇の御尊崇なされた観念に照して見るときは、我等は遺憾ながら西洋人の説に賛成して、日本人の旧思想、旧倫理的思想に反対せざるを得ざるものである。（同前）

続いて桐生は、「殉死」は「封建の遺習」であり、また「亡国的なる支那思想の渡来物」であるとする。武士の殉死が思い浮かぶ現代日本の読者にとっては、「封建の遺習」は分かりやすいが、「支那思想の渡来物」というのは分かりにくいかもしれない。殉死は中国に先例があり、日本ではそれが受け継がれたという理解の下に、それは「野蛮の道風」だというのである。桐生は

「国体」観念や明治天皇への敬意はそれなりに示している。また、現代から見れば中国への偏見というべきものもないわけではない。「近頃に至って一大革命の下に、已むを得ず共和政治と一変しなければならなかった支那――其支那から伝来した倫理的思想である」と述べている（一一一―一一二ページ）。「文明の進歩」と「国体」が合致するという立場に立って、乃木の殉死はそれに反する「陋習」だというのだ。

石橋湛山と同様、桐生悠々は天皇制は支持しつつ、思想・信条と言論の自由、また多様な個々人の尊重を是とする「文明」を育て守ろうとする。二重橋前祈願から乃木殉死に至る日本社会の問題を桐生はそのように捉えたのだ。

第12章　知識人の神道観・天皇観の変容

乃木批判の論は抑圧された

明治天皇の葬儀の日に乃木将軍夫妻が殉死したことに対し、『信濃毎日新聞』は三日間にわたって主筆、桐生悠々の「陋習打破論——乃木将軍の殉死」と題する社説を掲載した。それは、万世一系の国体という観念を否定するものではなく、むしろそれを受け入れた上で、殉死という対応は適切でないとし、乃木を英雄視し神聖化する世の動きを押しとどめようとするものだった。

明治天皇が崩御されたからとて、之と同時に殉死して了うものは、啻に今上陛下に対し奉りて、不忠不誠であるのみならず、明治天皇に対しても、亦許すべからざる不忠不誠の所為である。我等は此点に於て、大に乃木将軍の殉死に反対するものである。(『桐生悠々』紀伊国屋書店、一九七〇年、五八—五九ページ)

乃木将軍の殉死に対する批判の論は桐生悠々によるものだけではなかった。太田雅夫はこれについて次のように述べている。

桐生悠々（パブリックドメイン）

乃木将軍の殉死批判は、その他にも、谷本富《とめり》（京大教授）が『大阪毎日』に、浮田和民（早稲田大教授）が『大阪毎日』『太陽』に、柏木義円（安中教会牧師）が『上毛教界月報』で行なったが、これらの批判は、主に宗教学あるいは、倫理学上の観点から行なったものであり、悠々の批判は、わが国の置かれている状況そのもののなかから、近代的な政治理念にもとづいて行なわれている点が異なる、しかも新聞の主筆が自ら筆をとり、社説において三日間連載するというのも異例である。（五九ページ）

これに対する世間の反発は強く、谷本富は翌一九一三年、兼任していた大谷大学・神戸高等商業学校を辞任し、さらに京大教授の職も辞さざるをえなくなる。乃木批判者が陥った苦境について、桐生悠々は晩年、個人誌『他山の石』に連載された「思い出《いづ》るまま」（一九三九―一九四一年）で次のように述べている。

> 乃木大将の殉死を批判したものは当時各地に於て甚しく迫害された。人はこの批判者の家に投石して、反省を促したというよりも、これを脅迫した。長野県はさすがに理智の国であるだけ、私はこうした種類の迫害を受けなかったが、私の論に対する読者の投書が殺到した。

中にはこの評論を掲載した当日の新聞のこの部分だけを切り抜き、これに啖を吐きかけ、郵便で、これを、私の手許に送って来たものもあった。

この時だった。私は朝目がさめると同時に、「馬鹿野郎」と叫んだ。そして宅から新聞社に通った折には、握太のステッキをつき、危害を加えるものがあれば、これに応戦せんとする態度を示した。（太田雅夫編『新装版　桐生悠々自伝』伝統と現代社、一九八〇年、一三六ページ。初刊、一九七三年）

辛うじて批判論を守った『信濃毎日』

こうした事態を収めようと社長の小坂順造が自ら筆を執り、「陋習打破論」の終わった翌九月二二日、「乃木大将の死を論ず」と題する論説を掲載した。

僕は乃木大将の此問題を理性の問題として扱ひ度くない。此点に於て僕は根本に於て桐生君と此問題の見方を異にして居る。社中の同人でも時として意見を異にする場合もある。然も桐生君が赤穂浪士の事件の時に、一時感情論に走って法を曲げんとしたる時に、荻生徂徠が法を執って動かぬ方がよいと主張した様に、世論が大将平生の性格を除外して、単純なる殉死其物迄を賛美せんとするを戒むる積りならば、論はないが乃木大将の今回の行動は理論外に大なる感情を以て汲み取る可きことで一概に理論を以て押し附けんとするのは不賛成である。（『桐生悠々』、五九ページ）

小坂のこの論は、桐生を批判するという形で桐生を守り、また『信濃毎日新聞』を守ろうとするものであった。後に桐生が「当時を顧て、今私は小坂社長に対して、大なる謝意を表せずにはいられない」(『新装版　桐生悠々自伝』、一三六ページ)と述べているのももっともである。小坂だけではない。「県教育界の或長老(今その名を秘す——註　県の学務課長佐藤長州)の如きは往訪の記者を通じて、「桐生の評論、あれはあれで通る」という意味を、私に通じてくれた。私はこれによって少なからず慰められたのであった」(同前)とも述べている。昭和前期に桐生が軍部批判の論説を続けることができた基盤はこのときに整えられたと言える。

明治神宮創建論への批判

乃木大将の殉死をめぐって起きた評価の対立は、それに先立って起こっていた明治神宮創建をめぐる考え方の対立と関連が深い。神宮創建の方向性は明治天皇の死後、早くに提起されて、たいていの新聞もそれに従い、その是非をめぐる論議は新聞等に掲載されることがなかった。ところが、『東京朝日新聞』だけは、杉村楚人冠《そじんかん》が設けた「思ひつぎつぎ」という欄が投書欄のようになり、明治神宮創建をめぐる論が展開されていくことになる(平山昇『初詣の社会史』東京大学出版会、二〇一五年、第三章「二重橋前平癒祈願と明治神宮創建論争」)。

「思ひつぎつぎ」欄には八月一日に、楚人冠が「草莽の微臣某」の名で「なつかしき「明治」の御名　十一月三日の嘉節保存論」と題する論を掲載した。天長節を保存すべきだとの論で、これは一九二七年に「明治節」となって実現するものの先取りだ。続いて、四日から明治神宮創建をめぐる論が掲載されるようになる。八月八日、ここに「牛込一愛読女」なる人物による「神社にはゾッと致します」、「私は何処までも神社論には反対致します」との論が掲載される。この論は少し後に発表された石橋湛山の論とも呼応し、現在の政教分離にもつながる内容で興味深い。「牛込一愛読女」は千年後の子孫も皆が先帝陛下への敬意を示しうるためには、特定宗教によるのでは不適切だと論じた。

それにはどうしても宗教といふもの、少なくとも日本のしかもほんの一部に行はれてゐる神徒教にまかせる事は出来ません。日本人（大和民族の意で）でさへ今日神官のよむノット（祝詞の意——島薗注）がわかる者が幾人ありませう。まして此後領土はまし人種のいろいろなのが日本臣民となつた未来に大日本開国の祖は昔（未来より見て）の人間の手で造つた小さな宮で神官が祭文をよむ時でなければ我等の感謝を受けられぬとなつたら随分だと思ひます。私は御銅像を安置し奉る記念一大図書館をえらびませう。（『初詣の社会史』、九二—九三ページ）

同日の一般紙面でも文部官僚出身の東北帝国大学総長で、仏教に造詣が深かった澤柳政太郎の談話「神宮建設には再考の余地あり」が掲載された。これは細々とながら続いていく批判論への強力な援軍となった。実は、東京市役所のナンバー2である助役の田川大吉郎はキリスト教徒であり、神宮建設に反対で明治天皇の銅像建設を提案していた（山口輝臣『明治神宮の出現』吉川弘文館、二〇〇五年、七一ページ)。こうして一時、神社という特定宗教に肩入れすることに批判的な立場や神社を文明化に対立する施設と見て、明治神宮建設に反対する議論が起こりかけたのだった。だが、キリスト教徒が声をあげたとしても、政教分離を支持する論よりもキリスト教に対する反発の方が優勢になることは目に見えていた。

知性派を許さぬ排除の言説の形成

平山昇によると「思ひつぎつぎ」欄の論争は、宗教性をめぐる論争へとは進んでいかず、「感情美」を優位に置く方向へと展開していった。八月二一日には、明治神宮は宗教的であり異教徒に不都合だから好ましくないという論に対して、「純日本人氏」の「神宮に対するは国民の至情感情美なり。感情美の窮極、宗教美と一致するかも不知。そは第二の問題なり。異教徒云々は腰抜議論也」との論が掲載される(『初詣の社会史』、九七ページ)。以後、論争の軸は宗教的施設であることの妥当性という軸から、「感情美」対「理性」という軸に変化していく。

八月二〇日には「本郷の一民氏」が「中等以上の文明教育を受けたる真面目なる青年」なら、神宮建設論が「至誠」によるものではない「愚案」「劣策」であると捉えるはずだと論じる。まして や「真心篤学有識の学者賢者にして神宮建設を愚なりとせるもの多々であらう」と。これは「理性=知性」をよしとする立場である。これに対して二一日には「非学者氏」が、神宮創建は「皇上に対する感情美」にもとづくものであり、これ以外の「分別臭き事」などはすべて「第二の問題」であるとする。そして、「感情美」を「銅像や図書館位の非情的建物」で満足させることができると思うような者は「冷血的」とまで言う。こうして、「感情美＝反知性」派が優位に立っていく（同前、九六―九八ページ）。やがて、「民衆の敬虔さとエリート層の不謹慎さを対比させて後者を非難する言説」が力を増していく。平山はこう述べている。

とくに問題となったのが天皇死去後に身につけることとされた「喪章」で、「車夫や小僧や紙屑拾ひまでチャンと喪章を着けて居るのに立派な服装をしながら之を着けないで酒《し》蛙《め》々《く》々と歩いてゐる奴を見ると打《ぶん》毆つてやりたくなる（熱血漢）」といった意見が同時期の新聞各紙の随所に見られる。これを民衆のルサンチマンとのみ片付けることはできない。阪谷芳郎東京市長が「紳士貴婦人らしく装ってゐる人が反つて喪章を附けて居ないとは実に言語道断だ」と語ったように、規範にしたがわない一部のエリートたちを統治者が民衆と共鳴して挟撃するという、のちの昭和戦前期に極限化する傾向がこのとき先駆的に現れていたのである。（同前、九九―一〇〇ページ）

大正元年の国家神道の新展開

平山は明治神宮創建をめぐるこの論争の過程で、二重橋前平癒祈願で見出された多様であった「感情美」、ときに理性も結びつき、ときに素朴で洗練されていないと見なされた「感情美」が、「理性＝知性」に対抗するものとなり、「理性＝知性」に加担する者たちがそこから排除される方向へと変化していったと捉える。神聖天皇崇敬が規範となったのだ。そして、天皇に対する「感情美」が独占的に神社と結びつくものとなっていった。この過程を通して、民衆が国家神道の重要な担い手となっていき、「下からの国家神道」が形を現した。

一連の過程をふりかえって気づくのは、ここには政府や神社界といったような国家神道の主要な推進役と従来の研究で目されてきた勢力がまったくといっていいほど登場しないということである。「感情美」こそが至高価値であり、神社が「宗教」であってもかまわない、「感情美」をわからない者は「冷血的」である、などと言い切る立場が、全国から様々な人々が自発的に投稿した投書欄において公然と主張された。換言すれば、「上から」の動員が介在しない〝民主的〟な言論空間が、逆説的に、神社に違和感をもつ人々を理屈抜きで排除する国民感情の公然たる表出を可能にしたのである。（中略）言うまでもなく、この後に控えていたのはほかでもない「大正デモクラシー」の時代だった。その真っ只中の大正九（一九二〇）年に、明治神宮は鎮座祭をむかえることになる。（同前、一〇八ページ）

筆者が付け加えたいのは、二重橋前平癒祈願から明治神宮創建論の過程で見出された「感情美」の支配は、乃木将軍の殉死によって一段と高まったということである。それは、国家神道における神社と神聖天皇崇敬の一体化が大きく前進する過程でもあった。

第13章　皇室＝神社の一体性と国家神道の新展開

神聖天皇と国家神道の新たな展開

　明治天皇の死から乃木殉死に至る一九一二（大正元）年の後半に、乃木殉死への礼賛に見られるような神聖天皇崇敬と、明治神宮創建論に見られるような国家神道の高揚が現出したことを述べてきた。そしてそれは二重橋での明治天皇平癒祈願が現前させたような、多様な民衆の熱誠あふれる天皇崇敬の表出が大きな誘因になっていた。マスコミは当初これに多少の違和感を示したが、次第に熱烈な天皇崇敬と国家神道の高揚に同調し、それを煽るようになっていく。明治天皇の死の前後に神聖天皇と国家神道の歴史に大きな変化が生じたといえよう。

　もちろんこうした動きが、明治天皇の死の前後に初めて起こってきたというわけではない。日清戦争から日露戦争へと国をあげての戦争が進み、「天皇の軍隊」の勝利が民衆を高揚させ、「皇国のために命を捧げた」軍人・兵士らが讃えられ、靖国神社に神として奉斎され、多くの国民がそれに手を合わせるという事態が進行していた。

また、すでにふれたように（第1章、第2章）、一八九一（明治二四）年頃から「明治聖徳論」とよばれる言説が受容され、やがて「御製」（天皇の和歌）が聖性を帯びて広められてもきた（佐藤一伯『明治聖徳論の研究――明治神宮の神学』国書刊行会、二〇一〇年）。天皇の「慈恵」に関わる言説も次第に広められ、一九一一（明治四四）年には済生勅語が発せられ、恩賜済生会による貧者のための医療の拡充も打ち出されていた（拙稿「天皇崇敬・慈恵・聖徳――明治後期の「救済」の実践と言説」『歴史学研究』九三二号、二〇一五年六月、拙著『神聖天皇のゆくえ』筑摩書房、二〇一九年）。

さらにまた、一八九〇（明治二三）年に渙発された教育勅語とそれに基づく学校教育体制が全国に浸透していくプロセスがあったことを忘れるべきではない。このようにして、天皇崇敬と国家神道の国民への浸透が進んでいたからこそ、一九一二（大正元）年に神聖天皇をめぐる「集合的沸騰」（デュルケム）が生じ、「ある新しい宗教の発明」（チェンバレン）とも見える事態が可視化され（第1章）、神聖天皇と国家神道の飛躍的な浸透と強化が進んだのだった。

その結果、大正時代には伊勢神宮や形成途上の明治神宮をはじめとする神社への崇敬行動が増大し、皇道・国体言説や天皇の神聖化言説が育てられた。また、宗教団体の皇道への接近や右翼団体の形成など草の根の国家神道の浸透も進み、大正維新が唱えられたりする。民主化が進んだとされ「大正デモクラシー」ともよばれる大正期だが、同時に神聖天皇像と国家神道の強化も着々と進められていったのだった。国家神道が全体主義化を深めるのは一五年戦争期（一九三一

大正天皇と皇后（「御肖像」、市田オフセット印刷合資会社東京支店編『御大礼記念写真帖』、1915年、国立国会図書館デジタルコレクションより）

——一九四五年）だが、その下地となるものは、明治後期以来、長い時間をかけて熟成されていったのであり、一九一二（大正元）年はその大きな区切り目だった。

ご大喪（ご大葬）から大正大礼へ

大正時代に入ると、一九一二年の「集合的沸騰」を引き継ぐような、神聖天皇像と国家神道の浸透と活性化がさまざまな形で起こってくる。明治天皇の大喪の礼に続いて、全国家的な儀礼空間が創出されたのは一九一四年の昭憲皇太后の大喪、そして一九一五年一一月の「大正大礼」だった。四年余りの間に国家的な皇室崇敬の神道儀礼が続いて行われたことは国民に強い印象を植え付けた。

大正大礼は明治天皇の意思と皇室典範等にそって京都で行うことが既定の方針であり、実際、二〇日余りにわたって京都で行われた。紫宸殿の儀を中核とする即位礼、続いて大嘗祭が行われたが、それは極めて大がかりなものとなった。これに強い違和感を抱いたのは、貴族院書記官長であり民俗学者でもあった柳田国男である。柳田は即位式に参列した後に「大嘗祭ニ関スル所感」という一文をまとめたが、さしさわりがあると考えたようでその発表を控えざるをえなかった。そこで柳田は、即位式と大嘗祭は引き離して行ってよく、場合によってはそれぞれ東京と京都で行ってよいのではないかと述べる。そして、日本古来の信仰行事である大嘗祭については古式にのっとって静かに簡素に行うべきであるとの趣旨から、次のように述べている。

大礼の様子１（「京都御着輦鹵簿（其二）」、市田オフセット印刷合資会社東京支店編『御大礼記念写真帖』、1915年、国立国会図書館デジタルコレクションより）

大礼の様子２（「紫宸殿」、市田オフセット印刷合資会社東京支店編『御大礼記念写真帖』、1915 年、国立国会図書館デジタルコレクションより）

凡ソ今回ノ大嘗祭ノ如ク莫大ノ経費ト労力ヲ給与セラレシコトハ全ク前代未聞ノコトナルニ而モ此ノ如ク心アル者ヲシテ竊《ひそか》ニ眉ヲ顰《しか》メシムル結果ヲ生シタル所以ノモノハ其ノ理由固ヨリ一二ナルヘカラスト雖モ主トシテ期節ノ稍早カリシコト殊ニハ此祭ニ参列スル人員余リニ多クシテ之カ為メ古例ヲ超過シタル大建築物ヲ要シ而モ之ニ従事スル者専ラ責任ヲ全ウスルニ急ニシテ大祭ノ精神カ急造素樸ノ間ニ存セシコトヲ会得セサリシニ因ル（『定本柳田国男集』第三一巻、新装版、一九七〇年、三七八ページ）

また、柳田は民衆がこれに伴うお祭り騒ぎに参画、あるいは便乗するようなあり方は、まったく好ましくないものだとして、次のように述べてもいる。

現ニ小官ノ実見スル所ニ依ルモ大嘗祭ノ前一夜京都ノ市民ハ電灯昼ノ如ク種々ノ仮装ヲ為シテ市街ヲ練行ク者アリ処々ノ酒楼ハ絃歌ノ声ヲ絶タス大忌ノ幄舎ニ参列スヘキ諸員ニシテ火ヲ忌マス人ヲ遠ケサルハ勿論獣肉五辛ヲ喰ヒ平然タル者其数少カラス（同前、三八〇ページ）

皇室＝神社の一体性と国家神道の新展開

柳田のこうした慨嘆は大正大礼が、民衆の参加によって、古来のものとはまったく異なる近代的な大衆儀礼・大衆イベントとして展開したことと関わりがある。柳田の「大嘗祭ニ関スル所感」の上記の箇所を引いて、原武史は全国民参加のイベントとしての大正大礼を特徴づける万歳三唱について述べている。

十一月十日に行われた紫宸殿の儀では、高御座の天皇が勅語を朗読してから、大隈（首相——島薗注）が国民を代表して寿詞を奏上し、天皇に向かって万歳を三唱する午後三時三十分に、植民地を含む全国で一斉に万歳を叫ぶことになった。……東京郊外の千歳村（現・世田谷区）に住んでいた徳富蘆花は、この日の日記に「午後三時過ぎ、八幡様でも小学校でも万歳が聞こえる。花火が上がる。吾も皇室の、日本の、人類の前途の為に祈る」と記している。（原武史『大正天皇』朝日新聞社、二〇〇〇年、二〇六ページ）

すべての「国民」が空間の違いを超えて同時的に相互につながりあっていると感じ合うこうした経験は、この大正大礼において初めて実現したのではないか、原武史はこう示唆している。こうした国民的な儀礼空間、また感情の共有が積み重ねられていくことによって、神社に対する人々の親しみが深められていった。また天皇・皇室と神社が一体であるという感覚も育てられていった。平山昇は『初詣の社会史——鉄道が生んだ娯楽とナショナリズム』（東京大学出版会、二〇一五年）で、次のように述べている。

明治四五（一九一二）年七月、天皇重態が公表されるとただちに全国各地で平癒祈願が行われたが、とくに神社はその中心となった。「有名なる仏教国」で「平時は敬神の念慮至りて薄き国柄」であった富山ですら、「今度の御大事に際し県民上下の熱禱は驚くまで非常のものにして、御発病以来常には参拝少き当社［国幣中社射水《いみず》神社］へは昼夜参拝者絶ず」という状況となった。さらに、同年九月の大喪、大正四（一九一五）年の大正大礼という代替り儀式、さらにはその間に行われた大正三（一九一四）年の昭憲皇太后の大喪において、神道式の儀式がメディアによる詳細な報道を伴いながら挙行され、神社神道のプレゼンスが高まり続けていく。（一二六ページ）

「神社神道のプレゼンスが高まり続けていく」というのは、大正年代に神社参拝が増大していくということから分かることだ。平山は一九二一（大正一〇）年一月一日の『北海タイムス』の記事が伝える北海道小樽の住吉神社の社司の言葉を例としてあげている。小樽の住吉神社では、一九一四年には初詣客が約二万人だったが、一九一五年から急増し始め、一九二〇年までには約五万人を数えるほどになった。その理由について、同社社司は次のように述べている。

ナゼ近年に至り斯く多数の参拝者を出せしかといふに、是は全く大正三《（ママ）》年夏《（ママ）》の御大典以降敬神の思想が深くなって来たからと思はれる。以前神前への参拝は迷信者のみ多かったが最近神社と国家といふ念が深くなつて敬神思想が変つて来た結果だらうと思ひます。（『初詣の社会史』、一二六ページ）

大正四年の秋を大正三年の夏としているのはご愛嬌だが、この小樽の住吉神社の社司の捉え方は、国家神道の歴史を理解する上で意義深い洞察を含んでいる。大正期を通じて、皇室神道と神社神道の一体化が進み、天皇崇敬と民衆の宗教性が融合する過程が進んでいった。平山も指摘しているが、この記事の掲載される二ヶ月前の一九二〇年一一月一日には、明治神宮の鎮座祭が行われている。

明治天皇の崩御から大正大礼に至る過程での国家的儀礼イベント(タカシ・フジタニ『天皇のページェント』NHK出版、一九九四年)とともに、明治神宮の創建のプロセスが皇室と神社を一体視する心意を強める上で大きな貢献をしている。そして、皇室と神社が一体の国家神道を、キリスト教や仏教など世界の有力な宗教に劣らぬ偉大な宗教伝統だとする見方も育てられていく。さらに、国家神道を掲げる学者や文筆家やイデオローグが次々に神聖天皇・神聖皇室・神聖国家をめぐる言説を生産していくことにもなる。これらが大正時代における神聖天皇崇敬と国家神道の新たな展開を特徴づけるものである。

第14章　天皇崇敬で高揚する群衆の系譜

一九一二年の群衆の先行形態

ここで少し時計を巻き戻して、一九一二年以前のことについて述べておきたい。天皇崇敬の高揚という点で、一九一二年に大きな展開があったことを述べてきたが、これはもちろん突然に起こったわけではない。それ以前から起こっていたことが、一九一二年にさらに大きく展開したと見るのが適切である。

まず見直すべきは、群衆という現象である。これまで一九一二年の明治天皇の死の直前から乃木希典の葬儀に至る二ヶ月間に生じた「集合的沸騰」について、エミール・デュルケム（第1章）やセルジュ・モスコヴィッシ（第8章）、モーパッサン（第9章）などを引いて、近代世界の群衆という現象の日本における現出として注目すべき事例であることを述べてきた。だが、近代日本の群衆現象に注目した書物を見ると、まず取り上げられるのは、一九〇五年の九月に起こった「日比谷焼き打ち事件」であり、一九一二年の七月から九月にかけて起こった群衆の高揚は取り上げられていないことが多い（たとえば、松山巖『群衆——機械のなかの難民　二〇世紀の日本⑫』読売新聞社、一九九六年）。

群衆を都市騒乱という視角から捉えると、一九〇三年に開園した日比谷公園や国会議事堂周辺での集会参加者が暴徒となって襲撃事件を起こした事例が取り上げられる（中筋直哉『群衆の居場所——都市騒乱の歴史社会学』新曜社、二〇〇五年）。一九〇六年には電車賃値上げ反対の集会から、一九〇八年には増税反対の集会から、一九一三年には憲政擁護や対中強硬政策運動の集会から、一九一四年にはシーメンス事件をきっかけとする山本内閣倒閣運動から騒乱が生じている。その系列の先には一九一八年の米騒動が来る（筒井清忠『戦前日本のポピュリズム——日米戦争への道』中公新書、二〇一八年）。だが、こうした日比谷公園等から出て騒乱を起こす群衆と、二重橋前で「熱誠」を表現する群衆とを類似のもの（「モッブ」）と見る石橋湛山のような人物もいた（第9章、第10章）。

日比谷焼き打ち事件の群衆

一九〇五年九月五日の日比谷焼き打ち事件は、日露戦争後のポーツマス講和条約締結に対する反対運動から起こったものだ。講和会議は八月に始まるが、その前から新聞は政府の軟弱な姿勢を批判していた。そして、七月に結成された河野広中らの講和問題同志連合会が国民大会へ向けて運動をもりあげていった。多くの犠牲をはらってロシアとの戦争に勝利したにもかかわらず、賠償金はなく、得られるのは北緯五〇度以南の樺太の割譲だけとの交渉内容が伝えられると、屈辱的な内容と受け取られ、新聞もその不満をあおる。「這向《こたび》の外交は空前の失敗なり、苟《いやしく》も常識を具ふる者は天下一人として之を認めざる者なかるべし。否、閣臣自身といへども、中夜人定て後、時に良心の発動するに方《あた》りては、秘《ひそか》に省みて慚汗の背を沾《うるほ》すものあらん」（読売新聞）、「嗚《あ》呼《あ》千古の大屈辱」（万朝報）、「批准拒絶の一途あるのみ」（報知新聞）といった論調で、講話賛成を主張したのは政府の御用新聞と見なされた『国民新聞』だけだった（『群衆――機械のなかの難民』、四七ページ）。地方新聞も政府反対の論陣を張り、各地での「県民大会」について報道を重ねていた（松尾尊兊《たかよし》『大正デモクラシー』岩波書店、一九七四年）。

九月五日の日比谷公園での国民大会を警察は禁止し、公園の六つの門に三五〇人の警官を配置したが、数千人にふくらむ群衆を抑えることはできず、人々は制止を押し切って「二〇三高地占領万歳」などと叫びながら入園する。警察への反感が怒りを増幅する結果となった。数万の群衆は、「嗚呼大屈辱」「風蕭蕭兮易水寒（風蕭蕭《しょうしょう》として易水《えきすい》寒し）」「億兆一心」「赤誠撼天地（赤誠天地を撼《ゆる》がす）」などと書いた旗を掲げ、それを奪おうとする警官と格闘となる。

午後一時、大旗のほか「十万の碧血《へきけつ》を如何せん」という幕のついたバルーンのなか、喪章のついた小旗五〇〇〇〇本も配られ、大竹寛一が演説、河野広中議長により万歳が唱えられ大会は終了した。

大会後、最初の衝突は、弔旗を持ち二重橋前広場に移動した群衆約二〇〇〇〇との間に起き

日比谷焼き打ち事件（秋好善太郎編『日本歴史写真帖』、1913年、国立国会図書館デジタルコレクションより）

た。群衆に対し警官隊が不敬を恐れて解散を命じたが、このとき群衆側の楽隊は『君が代』を奏していたため、大竹が「君ヶ代奏楽中無礼なり」と攻撃したことから起こったのである。しかし、河野、大竹らは乱闘後「宮城前の流血は恐懼に堪えずと速《すみやか》に旗を捲いて馬場先門外に退去し、警官も亦深く慎んで抜剣等の措置に出でなかった」という。(『戦前日本のポピュリズム』、一八—一九ページ、主な典拠は、社会問題資料研究会編『所謂日比谷焼打事件の研究(社会問題資料叢書)』東洋文化社、一九七四年、に復刻されている、司法省刑事局『思想研究資料』特輯第五〇号、一九三八年、五〇—五六ページ)

神聖天皇と戦勝と新聞

この後、群衆は国民新聞社、内務大臣官邸等に向かい、警察署、路面電車等を襲うに至る。ここに現れているように騒乱の背後には強い天皇崇敬の心情があった。それを鼓吹したものとして、暴動に先立つ時期の新聞報道の役割は大きい。

「陛下の有司は陛下の聖意に背き陛下宣戦の大詔に悖戻《はいれい》して、陛下の国民と共に期待し給える帝国の光栄を傷け……泣血悲憤の至《いたり》に堪えず」(『大阪朝日』九月一日)

「嗚呼、国民は閣臣元老に売られたり」「呆れ返った重臣連」(『万朝報』九月一日)

九月四日、講和問題同志連合会の河野広中らが宮内省に提出した上奏文は次のようなものである。

草莽《そうもう》の微臣河野広中等謹みて奏す。謹みて惟《おもんみ》るに征露の戦役は洵に無前の盛挙、曠古の大業にして其盛功は陛下の御稜威《みいづ》と陸海軍の忠勇精鋭とに是れ由る。……然るに陛下の閣臣および全権委員等深く之を思はず、講和の局面遂に今日あるに至りては、……閣臣全権委員は実に陛下の罪人にして又実に国民の罪人なり……仰ぎ願くは陛下宸衷《しんちゅう》より聖断し給はんことを（『所謂日比谷焼打事件の研究』、四三ページ）

筒井清忠の『戦前日本のポピュリズム』は、騒乱以前にすでに日露戦争の戦勝祝捷会の盛り上がりがあったことに注目している。東京では、一九〇四年二月に新聞掲載の届出で二三〇〇人が参加する仁川沖海戦勝利の提灯行列があって以来、九連城占領、金州占領、遼陽占領等を祝う提灯行列、旗行列等があったが、格段に参加者が増えるのは、一九〇五年一月の旅順開城を祝うもので一〇万人を超え、三月から四月にかけての奉天占領の行列参加者は二一万人を超えた。これらの行列の多くは皇居を目指し、日比谷公園に集合している。九連城占領を祝う一九〇四年五月八日の東京市民大祝捷会は、市内新聞社通信社主催のものだが、三万人とも一〇万人ともよばれる人が出て、行列の混乱で二一名の死者が出るに至っている。

新聞が好戦的天皇崇敬に屈服する

講和会議に向けて新聞等が神聖な天皇を掲げて、政府批判を煽り、騒乱を招いた。それは戦争中に神聖な天皇のために戦う軍隊を賛美し、そしてその戦いで戦死していった兵士の霊や遺族たちを慰めようとする意思を引き継ぐものだった。新聞が民衆の天皇崇敬の「熱誠」に引きずられるようにして、天皇崇敬を煽ったという点では、一九一二年の明治天皇の死を先取りする事態が、日露戦争開始の前あたりから進行していた。

とはいえ、新聞がそうした動向に抵抗したという側面もある。日露戦争が始まるのは一九〇四年二月だが、前年の夏頃までは、新聞は開戦に賛成するばかりではなかった。鈴木健二『戦争と新聞――メディアはなぜ戦争を煽るのか』（ちくま文庫、二〇一五年、初刊、一九九五年）によれば、当初、開戦を煽ったのは『東京朝日新聞』『大阪朝日新聞』で、『万朝報』『毎日新聞』は反対、『東京日日新聞』は消極的だった。

東京日日はすでに述べたように元老・伊藤博文に近く、その対露慎重論を反映していた。六月十日に戸水寛人《ひろんど》ら東京帝大七博士が対露強硬論を政府に提議したときも、「諸氏は何がゆえに、今日戦えば勝ち、数年後戦えば勝算なしと言うか。……諸氏はいかにしてこの多額の軍資を給し、この長年月を支え、かつ戦い勝たばいかに露を処分し、戦い敗るればいかに我を処せんとするか」（一九〇三年六月二十一日）と反論した。

しかし戦争ムードは日増しに高まり、猪突猛進型の新聞記者たちは東京と大阪で「時局問題大演説会」を開いて気勢を上げた。政府・軍部が新聞をそそのかしたのか、新聞が国民を煽動したのか、いずれにしても国民の気分は高揚し、それがまた新聞に反映して、ついに新聞が慎重論を表にすることも難しくなった。（四八―四九ページ）

一九一二年に起こった新聞の「転向」はすでに一九〇三年から四年にかけても起こっていた。そこで大きな役割を果たしたのは群衆としての様相を見せる「国民」であり、一九〇五年の九月には騒乱・暴動の主体として現出したのだった。

第15章　日露戦争から戦後への群衆の昂揚

祝捷《しゅくしょう》と軍神と神聖天皇

群衆とメディアが天皇崇敬をともなって昂揚する事態は一九一二年に始まるものではない。すでに日露戦争において、群衆は沸き立っていた。たとえば、一大決戦となると予想された一九〇四年八月末から九月初めの遼陽会戦で日本軍が勝利し遼陽占領が報じられると日本中が沸き立った。山室建徳『軍神』（中公新書、二〇〇七年）は『東京朝日新聞』（『東朝』と略す）を引いて次のように述べている。

たとえば、東京では「遼陽の大戦に於て我軍が大勝利を博したるより、旅順陥落に待ちあぐみし市民は皆競ふて祝捷の意を表したるが、夜に入りては更に一段の景気を加へ来り、全都は悉く電気、瓦斯、提灯の火にかゞやきて一種の偉観を呈するに至」った。家々には国旗と提灯が掲げられ、イルミネーションに飾られた市電や建物があちこちに登場し、音楽隊が繰り出し、戦捷祝賀会が開かれ、さながら「火の都と化したる夜の東京」だと評されている

（『東朝』九月三日）（五二ページ）

新聞はこのような群衆の昂揚に合わせて、戦死した将官に注目する。旅順口閉塞作戦で一九〇四年三月末に戦死した海軍の廣瀬武夫少佐が軍神と称えられたように、同年八月に戦死した陸軍の橘周太がほめ称えられ、やがて軍神とよばれるようになる。そして、橘の場合、その篤い皇室崇敬にスポットライトが当てられ、橘と親しかった教育総監の柚原《ゆはら》完蔵少佐の言葉が引かれる。

東宮武官を五年間勤めたこともある彼は、毎朝必ず「家人と共に尊影を遥拝し勅諭を奉読」し、隊で部下に休暇を与えるのは、常に皇室の祭祀に関する日を用い、いかなる祭祀日なのかを説いた。郷里から来た書生は、真っ先に丸の内に連れて行き、宮城を遥拝させ、一人息子は、五歳で「勅諭勅語の要領を覚え」た。……これらは柚原からみても「驚くの外なし」というほどの徹底ぶりであった。（『東朝』九月九日）（五六ページ）

廣瀬の場合は部下を救おうとして死んだのだったが、橘の場合は天皇のために我が身を捧げたということになる。「軍神」の意味合いがそのように転換していき、乃木の殉死へと連なっていく。

戦争と靖国神社と「英霊」

これまで群衆の展開する場所として、次第に日比谷公園と皇居二重橋前が重要な場所となっていくことを述べてきた。だが、靖国神社もそのような意義を得るようになる。靖国神社の意義の高まりは、すでに日清戦争から始まっている。村上重良は『慰霊と招魂』（岩波書店、一九七四年）で次のように述べている。

日清両軍の死闘がくりかえされた日清戦争によって、日本軍は多数の将兵を失ったが、戦没者の続出は、靖国神社にとって一大発展期の到来を意味した。一八九五（明治二八）年一二月一五日、陸軍少将大寺安純以下一四九六名が靖国神社に合祀され、一六日から一八日まで、臨時大祭が執行されて、国庫から祭資料として一万円が交付された。この臨時大祭から、勅祭で委員長が任命されることとなり、陸軍中将川上操六が祭典委員長をつとめた。一七日、明治天皇が参拝し、幣物として二〇〇〇円を下賜した。この臨時大祭は空前の盛況を呈し、これまで許されていた一般参拝者の昇殿参拝は、今後、遺族のみに限ることとなった。（一四〇―一四一ページ）

だが、日露戦争の影響は日清戦争の影響を大きく上回る。小堀桂一郎は『靖国神社と日本人』（PHP研究所、一九九八年）で、西南戦争の合祀者、六九七一柱、日清戦争の合祀者、一万三六一九柱などと、日露戦争の合祀者、八万八四二九柱を対比して、「明治期の国民的経験に限定して言えば、日露戦争という大事業での犠牲が……桁はずれに大きく、やはり日本国民にとって未曾有の悲痛な経験だったことが読みとれる」（九六ページ）と述べている。

村上重良『慰霊と招魂』は日露戦後の靖国神社参拝者の増大について、以下のように述べている。「日露戦後、靖国神社では、毎年、日露戦争戦没者の合祀がつづけられた。その臨時大祭、臨時祭は、上京した遺族をはじめ一般参拝者で賑わい、県の兵事会員等に引率された遺族たちは、社殿に上って、神となった肉親と「対面」し、遊就館を見学して、故人の武勲を偲んだ」(一五〇ページ)。そして、靖国神社の社頭収入は、日清戦争時の一八九五年度には五二万六六二三円であったが、日露戦争時の一九〇五年度には二一七万九一二六円に急増し、一九〇六年度には二七〇万六五四四円に達した。水戸学者、藤田東湖の「文天祥の正気の歌に和す」という漢詩に由来する「英霊」という語が、戦死者に広く適用されるのも日露戦後のことである(同前、一五二ページ)。

凱旋観兵式のスペクタクル

日露戦中戦後に繰り返し行われた、祝捷と慰霊が重ね合わされたような「儀礼的イベント」については、タカシ・フジタニ『天皇のページェント』(NHK出版、一九九四年)、橋爪紳也『祝祭の〈帝国〉』(講談社、一九九八年)、坪内祐三『靖国』(新潮社、一九九九年)がそれぞれの論旨にそって注目している。フジタニは以下のように述べている。

観兵式は、実際には東京が新しい祭典の劇場として物理的な転換をとげる一八八〇年代よりも以前、つまり、まだ天皇のページェントの主要な形態が巡幸であったころにすでに成立していた。じじつ、天皇は、軍の観兵式を一八七二年に初めて指揮している。恒例の陸軍始の日にあたる一月八日、日比谷操練場にあつまった約一万の軍隊の観兵を行っているのである。また海軍の観艦式も明治初期に始まっており、その最初のものは、大阪・天保山のちょうど沖合で催されている。しかし、観兵式が広く一般に知られるようになったのは、全国的なコミュニケーションと交通のネットワークが著しく発達する明治後期になってからだといってよい。(一四六ページ)

日清戦争でも軍事的な威力の誇示と結びついた昂揚感の演出は顕著だったが、日露戦争の際のそれははるかに大きな規模となった。日露戦争中の祝捷イベントについてはすでに前章でも本章でも記してきた。一九〇五年九月五日のポーツマス条約締結後、日比谷焼き打ち事件があったが、一〇月二三日には東京湾に二〇〇隻近い軍艦を集めて観艦式が実施された。

連合艦隊の東京湾への凱旋や、天皇の観兵式を中心にとりあげた種々のメディアは、艦隊の規模や壮麗さという点においても、群衆の多さという点においても他に例をみないものであった。と描写している。たとえば『風俗画報』のある記者は、この観艦式に集まった見物人は過去前例をみない圧倒的な数にのぼり、「水上船に乗じて拝観する人員は、幾万人なるを知らず、陸上の拝観人は、東京横浜に動きたる人の数を数ふるときは、凡そ百万人に上るべしといへり」と推定している(『風俗画報』一九〇五年、第三二八号、一頁)。(一四八ページ)

続いて一九〇五年一一月六日は靖国神社例祭があり、一二月一六日には日露戦争による死者を祀る臨時大祭(合祀祭)があり、クライマックスというべき一九〇六年四月末から五月初めにかけての大イベントに至る。四月三〇日の凱旋観兵式、五月一日の招魂式、二日、三日、四日、五

祝捷会中の靖国神社境内全景（陸地測量部撮影『靖国神社臨時大祭写真帖』、1906 年、国立国会図書館デジタルコレクションより）

祝捷会の緑門（陸地測量部撮影『靖国神社臨時大祭写真帖』、1906年、国立国会図書館デジタルコレクションより）

日の臨時大祭である。

青山練兵場では、一七の師団を代表する三万人以上の隊列が並び、全長一・七五キロメートルにわたる隊列を天皇が馬車で閲兵する。続いてこのイベントのために整えられた皇居前広場（宮城前広場）に行列が進んで行く。馬場先門には青葉に包まれた奉祝門が設けられ、六晩にわたってイルミネーションが灯された。広場には敵から強奪した数々の武器が展示される。フジタニはイギリス人特派員による「これはまぎれもなく世界史上前代未聞、空前の一大スペクタクル」、「これほど壮大で興味深いものは、もはや二度と見ることはできまい」との報告を引いている（『天皇のページェント』、一五一ページ）。

国民的昂揚の場としての靖国神社

この期間、靖国神社でもそれと連動するように、大ページェントが繰り広げられ、多くの人々が参拝しつつ昂揚感を味わっていた。この時期、全国の都市、そして東京の各区に凱旋門が建てられていく経過に注目する橋爪紳也は、靖国神社の「地球形大緑門」についてこう述べている。

皇居前のお祭り騒ぎが継続されるいっぽうで、靖国神社には二万九九六〇名の戦没者が合祀され、臨時大祭が挙行された。この時、参道の途中、大鳥居と大村像という二つの巨大モニュメントとの中間に、砲兵工廠工一同が寄贈した「地球形大緑門」が建造された。平面は直径一〇〇尺、高さも一〇〇尺という大きなものだ。五色の電球で経度と緯度を示す。球上に高く掲揚した大日章旗にも白色と赤色の電球を装置、日の丸の図柄を闇に光らせている。アーチの上部には「皇威宣揚」「国光発揮」の扁額が掲げられていた。ほかに類例を見ない、半球形の緑門である。（七四―七五ページ）

この靖国神社境内に戦利品が陳列されたり、人々が多数訪れている光景の写真は、『明治三十九年五月靖国神社大祭写真帖』に多数収められており、そのうちの一二葉は坪内祐三『靖国』に転載されている。また、靖国神社・やすくにの祈り編集委員会編『やすくにの祈り』（産経新聞ニュースサービス、一九九九年）にも一九〇五年、一九〇六年、一九〇七年の臨時大祭の際のスペクタクルを再現する写真が数多く掲載されている。後者から一九〇六年の臨時大祭の際の写真のキャプションをいくつか紹介する（七二ページ）。

戦利品の小銃で作られた奉祝塔「忠勇」「義烈」

右は戦利品ロシア将校の剣で作られた奉祝塔。左は杉の葉で作られた半円形の奉祝門。門の両面に「国威発揚」「皇威宣揚」の題字がある。東京砲兵工廠の作業員が奉製

夜間は緑門につけられた緯度と経度、国旗がイルミネーションで飾られた

「奉祝門」と「緑門」は橋爪が「地球形大緑門」と述べているものを指す。また、「日露戦争の勝敗を決した奉天大会戦の前哨戦となる沙河の戦いで、日本軍の観測所となった沙河駅の給水塔。明治三九年四月、戦利記念品として牛窪付属地に移築され遊就館の管理となった。昭和一八年金属供出」（七六ページ）のキャプションがある写真も坪内祐三『靖国』に転載されている。『靖

国』には「大祭奉納大相撲」の光景もあるが人数は記されていない。『やすくにの祈り』には一九〇七年の「大祭奉納大相撲」の光景が掲載され、「境内の相撲上には一万五〇〇〇人もの観客がつめかけた」と記されている。

第16章　治安と言論統制による天皇神聖化

治安と言論統制による方向づけ

一九一二年の後半に大きなうねりとなって、国家神道の現前を強く印象づけたのは、神聖天皇崇敬で高揚する群衆という現象だった。大正期におけるその影響について述べていく前に、一九一二年に先立つ時期の天皇崇敬で高揚する群衆という現象について見てきている（第14章、第15章）。

群衆の高揚の背後にはそれを促しあおるメディア、とくに新聞の働きがあった。新聞が人々に神聖天皇を讃え崇敬を促し、人々が皇居前・二重橋前、日比谷公園等にくり出して群衆となって天皇崇敬を高揚させ、メディアはそれを報道することによって、ますます人々の天皇崇敬熱を増幅した。以上のプロセスに焦点を合わせると、この時期の神聖天皇の鼓吹は、国家装置を通してというより、民衆自身やメディアのような民間セクターによって増幅された側面が目立つことになる。この時期には、「下からの国家神道」がすでに力を示し始めていたことがよく分かる。

大正元年頃の永井荷風（パブリックドメイン）

だが、もちろんそれは、国家機関や国家に従う諸機関が天皇崇敬の増幅に消極的だったとか、あまり寄与しなかったということを意味するものではない。学校や軍隊や神社等が神聖天皇を広めるのに大いに貢献したわけだが、治安や言論統制という方面からの国家の力の行使も大いに影響を及ぼした。天皇崇敬の高揚は、文部省、内務省、司法省、陸軍省・海軍省等の政府機関の指示・統制の貢献がきわめて大きいものであることを忘れてはならない。

大逆事件の衝撃

一九一二年に先立つ時期に神聖天皇像の鼓吹に大いに貢献したと思われるのは、一九一〇年の大逆事件である。永井荷風は『改造』一九一九年二月号に「花火」という文章を寄せ、こう述べている（山泉進編著『大逆事件の言説空間』論創社、二〇〇七年、五三ページ）。

明治四十四年慶應義塾に通勤する頃、わたしはその道すがら折々市ヶ谷の通で囚人馬車が五六台も引続いて日比谷の裁判所の方へ走って行くのを見た。わたしはこれ迄見聞した世上の事件の中で、この折程云ふに云はれない厭な心持のした事はなかった。私は文学者たる以上この思想問題について黙してゐてはならない。小説家ゾラはドレフュー事件について正義を叫んだ為め国外に亡命したではないか。然しわたしは世の文学者と共に何も言はなかつた。私は何となく良心の苦痛に堪へられぬやうな気がした。わたしは自ら文学者たる事について甚しき羞恥を感じた。以来わたしは自分の芸術の品位を江戸戯作者のなした程度まで引下げるに如くはないと思案した。

では、大逆事件とは何か。大逆事件をめぐる史実は、第二次世界大戦後、次第に明らかにされてきており、手に取りやすい書物もいくつかあるので、それらをもとに述べていこう（神崎清『大逆事件』筑摩書房、一九六四年、武安将光『幸徳秋水等の大逆事件』勁草書房、一九九三年、田中伸尚『大逆事件——死と生の群像』岩波書店、二〇一〇年、など参照）。この事件は、長野県松本市に近い明科《あかしな》の明科製材所で働いていた宮下太吉という工員が、一九一〇年五月に仕事仲間の新田融にブリキ缶の作成を頼んだことから始まった。警察は宮下が以前から社会主義思想に親しんでいること、一九一〇

幸徳秋水と菅野スガ（田中伸尚『大逆事件——死と生の群像』岩波書店、2010 年より）

年になって幸徳秋水とその内妻、管野スガと文通していることを察知しており、新田の話に基づいて宮下の家宅捜査をすると爆弾の材料が見つかった。宮下は一一月三日の観兵式に爆弾を天皇に投げつけるつもりであり、新村忠雄と管野スガとは相談の上だと自白した。警察は共謀の範囲は、宮下や管野や幸徳の交友範囲や思想的共鳴者に広く及ぶと捉え、明科での計画以外にも暴力革命の謀議や皇太子暗殺計画があったとして、五月から一〇月までに三一名が大逆罪等の容疑で逮捕され、宮下・管野・幸徳など二六名が大逆罪で起訴された。

治安事件と公判と思想統制

大逆罪は一九〇八年に施行された現行刑法の第二編第一章「皇室ニ対スル罪」のなかの、第七三条の次の規定によるものだ。「天皇、太皇太后、皇太后、皇后、皇太子又ハ皇太孫ニ対シ危害ヲ加ヘ又ハ加ヘントシタル者ハ死刑ニ処ス」。この規定は一八八二年に施行された旧刑法にもあるが、近代刑法にはなじまないものであり、七〇一年に制定された大宝令を引き継ぐものとされる。明治三〇年代の刑法改正作業においても国体に基づく規定として維持され、これが削除されたのは日本国憲法制定後の一九四七年のことである。

多数の逮捕、起訴に至った背景には、一九〇八年の「赤旗事件」があったとされる。一九〇八年六月に荒畑勝三（荒畑寒村）、大杉栄、堺利彦らの社会主義者が「無政府党バンザイ」などと叫び、赤旗をひるがえして街路に出たため、一四人が警察に捕らえられ、治安警察法違反及び官吏抗拒罪（公務執行妨害罪）によって起訴され、一年から二年の刑を受け、予想を超えた重い刑と受け止められた。一九〇五年の日比谷焼き打ち事件、一九〇七年の足尾銅山暴動事件などがあり、政府・内務省は体制批判の運動が高まることに危機感をもっていた。さらに、赤旗事件が起こった後でもあり、明科事件を機に、社会主義者、無政府主義者の強圧的な取り締まりに乗り出したと捉えられている。

大逆事件の公判の審理は一九一〇年一二月一〇日から開始され、二四日まで、実質一一日間ときわめて短いものだった。判決は一九一一年一月一八日に下されたが、冒頭の説明の最後は次のように締めくくられていた。

国体の尊厳宇内に冠絶し列聖の恩徳四海に光被する帝国の臣民たる大義を滅却しておそれ多くも神聖侵すべからざる聖体に対し前古未曾有の凶逆をたくましくせんと欲し中道にして凶謀発覚したる次第はすなわち左のごとし。

そして、幸徳以下二四名に大逆罪により死刑、大逆罪の証拠が十分でないと認めた二名に爆発物取締罰則違反による懲役一一年及び八年の判決が下された。鵜沢総明弁護士は一〇数年後に、「公判の結果は、前述のごとく全員有罪を宣せられたのであるが、私には今でも、被告達の間に暴力革命を意図する共同謀議があったとは、到底考えられない。と言って、大逆事件が巷間流説されるように、全く政府の陰謀的創作であったと断言する資料もない」と記している。また、今村力三郎弁護士は、「幸徳事件に在りては、幸徳伝次郎管野スガ宮下太吉新村忠雄の四名は事実上争ひなきも、その他の二十名に至りては果たして大逆罪の犯意ありしや否やは大なる疑問にして、大多数の被告は不敬罪に過ぎざるものと認むるを当れりとせん。予は今日に至るも該判決に心服するものに非ず」と述べている。

過酷な刑罰による言説の方向づけ

これらの回顧を引用している武安将光（弁護士、元法務省・検察庁勤務）は、社会主義運動弾圧のための「無実の罪」とか「でっちあげ」とは言い切れないとする立場から『幸徳秋水等の大逆事件』をまとめている。だが、その武安も、「この判決は、幸徳・宮下・管野・新村忠雄の四名にとっては予期していたとおりであったと考えられるが、他の被告人にとっては予想外であったと考えられる。相当多くの者は無罪を期待し、無罪でなくとも死刑は予想していなかったと思う」（『幸徳秋水等の大逆事件』、九八ページ）と述べている。多くの被疑者は冤罪であると思っていた。死刑言い渡しの翌日、一二名については恩赦により無期懲役に減刑する措置がとられた。残る一二名に対する死刑の執行は一月二四日、二五日ときわめて早かった。

裁判が始まる前後の報道について、田中伸尚『大逆事件』はこう述べている。「「奇怪なる大陰謀」「有史以来未曾有の大陰謀」「恐るべき大陰謀」「大逆無道」――当時のメディアの中心だった新聞は、全国どの地域でも大きく、禍々しく事件を報じ続け、社会にこの事件が国家の仕組んだ冤罪ではないかという疑いを差し挟む隙は寸分も与えない」ものだった（七九ページ）。また、判決後の恩赦については、こう述べている。「「聖恩逆徒に及ぶ」（『紀伊毎日新聞』）「聖恩天の如し只感泣あるのみ」（『琉球新報』）「広大無辺の聖徳」（『九州日日新聞』）「聖主の慈仁に浴したる心地するのみ」（『東京朝日新聞』）というふうに全国の新聞は、真相に迫ろうとはせず「逆徒」と「聖徳」を対照させるような報道を続けた」（九三ページ）。田中は和歌山県田辺の地方紙『牟婁新報』の一九一一年一月二四日の次の記事も引いている。

大逆事件に新宮町より三名（大石、高木顕明、峯尾節堂）迄大罪人を出したるは至尊に対し恐懼に耐へず且同町の一大不面目なるを以て一九日役場の議員及び区長等会合し協議の結果二十一日午後一時より新玉座にて町民大会を開き謹慎の誠意を表し新宮中学校教諭は我が国体及び歴史に就き講演を成せり（一一八ページ）

このように「至尊」と「国体」が神聖化されるなかで、慶應義塾に勤めていた永井荷風が沈黙を守らざるをえず、それに深い屈辱を感じざるをえなかったことはよく理解できる。治安事件や言論統制が学者・知識人・ジャーナリストらの言説を神聖天皇崇敬や神権的国体論へと方向づけ、民衆や宗教運動もその方向へエネルギーを向けていくことになる。大逆事件を通じてそうした道筋が見えてくる。

第17章　皇室を究極的な善とする治安体制

石川啄木と平出修

大逆事件は一九一〇年五月、長野県明科での宮下太吉の爆弾製造過程の露見に端を発している。宮下が天皇の殺害を目指していた計画に関与していたとして、幸徳秋水、管野スガ、新村忠雄、古河力作らが逮捕され、さらに数十人が取り調べを受け、二六人が起訴された。獄中の管野スガが書いた『死出の道艸』の、判決の日である一九一一年一月一八日のところには、「彼等の大半は私共五、六人の為めに、此不幸な巻添にせられたのである」とあり、処刑が間近い一月二一日のところには「幸徳・宮下・新村・古河・私と此五人の陰謀の外は、総て煙の様な過去の座談を、強ゐて此事件に結びつけて了ったのである」と記されている（中村文雄『大逆事件と知識人』三一書房、一九八一年、五五ページ）。

この大逆事件の被告側弁護団には、若い文学者でもあった平出修《ひらいでしゅう》（一八七八—一九一四）もいた。平出は、後に掲載誌『太陽』一九一三年九月号が発売禁止になった「逆徒」など、大逆事件

明治 37 年頃の石川啄木と節子夫人（パブリックドメイン）

を題材にした作品を発表し作家としても知られるようになる。すでに一九〇〇年に与謝野寛（鉄幹）の新詩社に加入、『明星』に短歌や評論を発表し始めていた。一九〇九年には『スバル』を刊行、その発行所は平出の自宅とされていた。一方、一九〇三年に司法官試補、翌年には弁護士になっている。この平出は石川啄木と親しかった。

石川啄木（一八八六―一九一二）は岩手県の曹洞宗の僧侶の子として生まれ渋民村で育ったが、盛岡中学卒業後、盛岡、函館、札幌、小樽などで一時的な仕事に就きながら文筆に勤しんだ。早くから『明星』に投稿し、一九〇五年には詩集『あこがれ』、一九〇六年には小説『雲は天才である』を発表している。一九〇八年、家族を函館に残して上京する。この前後から、社会主義への関心が増しており、皇室に対する

平出修（田中伸尚『大逆事件——死と生の群像』岩波書店、2010年より）

批判的な眼差しも見られるようになる。一九〇八年の紀元節の日記には「今日は、大和民族といふ好戦種族が、九州から東の方大和に都して居た蝦夷民族を侵撃して勝を制し、遂に日本嶋の中央を占領して、其酋長が帝位に即き、神武天皇と名告った記念の日だ」との記述がある。（『大逆事件と知識人』、一一一—一六ページ）。

啄木が大逆事件から受けた衝撃

一九一〇年六月、大逆事件が報じられ始めると、東京朝日新聞社の校正係となっていた啄木は強烈な衝撃を受け、帝国主義批判と社会主義への傾斜を強めていく。八月には、韓国併合を受け、「地図の上朝鮮国にくろぐろと墨をぬりつつ秋風を聴く」という歌を『スバル』に発表している。同じ時期に『東京朝日新聞』のために書いたが掲載されなかった「時代閉塞の現状」には次のように書かれている。

> 斯くて今や我々青年は、此自滅の状態から脱出する為に、遂に其「敵」の存在を意識しなければならぬ時期に到達してゐるのである。それは我々の希望や乃至其他の理由によるのではない、実に必至である。我々は一斉に起って先づ此時代閉塞の現状に宣戦しなければなら

ぬ。自然主義を捨て、盲目的反抗と元禄の回顧とを罷めて全精神を明日の考察――我々自身の時代に対する組織的考察に傾注しなければならぬのである。

啄木は『明星』で親しくしていた平出修と大逆事件について詳細にわたる情報を交換していたことがうかがわれる。当時、大逆事件についての報道はごく限られたものであり、かつ取り締まり当局側からの一方的な情報に基づくものであった。啄木は新聞社勤務の便宜と平出との交流を通じて、同時代的には飛び抜けて的確な実情把握を行っていた。それは、一九一〇年六月二日から一一月一〇日まで書き続けられ、一九一一年一月二四日、即ち死刑執行の一日目に最終的な整理が行われた「日本無政府主義者陰謀事件経過及び附帯現象」によく見て取れる。この最終的な整理は平出修から借りた資料を参照して行われた。この時期に検事聴取書や予審調書を含めた資料を平出が貸したのは、相当に深い信頼関係があったことをうかがわせる。啄木の平出宛、一月二二日付の手紙には「僕は決して宮下やすがの企てを賛成するものでありません。然し、〝次の時代〟といふものについての一切の思索を禁じようとする帯剣政治家の圧政には、何と思ひかへしても此儘に置くことは出来ないやうに思った」と記されている（同前、二二一―二二五ページ）。

大逆事件の進行過程の記事等をまとめる

池田浩士編・解説の『逆徒「大逆事件」の文学』、『蘇らぬ朝「大逆事件」以後の文学』（インパクト出版会、二〇一〇年）には、この時期の知識人が大逆事件をどのように受け止めたかを表す作品や文章が多数集められていて啓発的である。近代日本の精神文化の歴史を振り返るとき、大逆事件の衝撃がいかに重要なものであるかが見えてくる。大正前期の思想や宗教、つまりは精神文化について展望しようとしている本書でも、このアンソロジーから学ぶところは多い。

上巻につけられた「逆徒」という題は、発売禁止の理由となった平出修の作品の題名で、もちろんその作品はこのアンソロジーに含まれている。ここでは、まず新聞等の記事集録というべき石川啄木の「日本無政府主義者陰謀事件経過及び附帯現象」を見てみよう。公表されている情報からだけでも圧政の現状を読み取り、事態の推移を把握し記録しようと力を注いでいたことが知られる。たとえば、一九一〇年九月二三日の項を例にとると、「東京朝日新聞に左のごとき記事あり」として書き抜きがある。

・社会主義者の取調

恐るべき大陰謀を企てたる幸徳秋水、管野すが等の社会党員に対する其筋の大検挙は、東京、横浜、長野、神戸、和歌山其他全国各地に亘りて着々進行し、彼の故奥宮検事正の実弟、公証人奥宮某のごときも、被検挙者の一人に数えらるゝに至りたり（中略）

・京都の社会主義者狩

社会主義者に対する現内閣の方針はこれを絶対的に掃蕩し終らずんば止まじとする模様あり、東京の検挙に次で大阪、神戸等に於ける大検挙となり、近くは幸徳秋水等の公判開廷されんとするに際しこゝに又々京都方面に於て極めて秘密の間に社会主義者の大検挙に着手したる様子あり、未だ知られざりし社会主義者又は社会主義に近き傾向を有する同地方の青年等は恟々《きょうきょう》安からずと云う。(『逆徒』、九三―九四ページ)

啄木は自らにも身柄拘束がおよぶかもしれないという切迫感をもちながら、事態の推移を注視していたのだろうと推測できる。

一九一一年一月一八日の判決以前に見えていたもの

この集録は一九一〇年一一月一〇日までで終わっており、裁判の進行が異様に早く、また予想外の過酷な判決になったことについては触れられていない。だが、「日本無政府主義者陰謀事件経過及び附帯現象」の末尾には、一九一一年一月一五日に東京各新聞社から発表された外務省の文書が収められており、これを収載することで、判決に対する疑問がいくぶんか見えやすくなる構図になっている。

啄木の説明では、この文書は、「特別裁判進行中、其裁判手続及び公判の公開禁止に関し、欧米諸新聞の論難、諸団体の決議に拠る抗議等漸く旺んなるに当り、其誤解を解かんが為に、外務省より在外日本人大公使に送りて弁証の料に供したもの」である。啄木は、この文書はすでに一九一〇年中に内容ができており、政府が裁判の結果を審理以前に知っていたことを示すものだという。この外務省の文書のさわりとなる部分は以下のとおりである。

本件の内容は茲に之を細説すべきものに非ずと雖も、一言以て之を明らかにすれば、被告人の多数は何れも所謂共産主義者に属し、其主義を普及する一手段として、本年秋季を期し、恐多くも皇室に対して弑虐《しぎゃく》を敢てし、進んで国務大臣を暗殺し、放火略奪を行わんとの陰謀を企てたるものにして、此の事実は被告人の多数の自白、爆裂弾の存在、其の他の証拠に徴して頗る明瞭なる所とす。(同前、一一四ページ)

そもそも「国務大臣を暗殺し、放火略奪を行わんとの陰謀」があったのかどうかは大いに疑わしいが、政府はそう主張することで裁判の不当性をごまかそうとしたのだ。この文書はまた、裁判が大審院の一審のみとなったことに対して、弑虐罪や内乱罪についてのドイツやイギリスの例をあげて正当化している。また、裁判を公判開廷の一部しか公開としなかったことや、短期間に結審したことについても日本の法制度にかなったものであると弁解している。欧米諸国からかなりの疑問符が付されていたことについて、啄木が注目していたことがわかる。

思想を裁く国家

法廷で弁論にあたった平出らの弁護士が正確に捉えていたのは、二六人のほとんどが「無政府主義者」だったとし、そのことをもって大逆罪の適用根拠としていることの重要性だった。一九一〇年一二月二五日の第一三回法廷で平沼麒一郎検事の論告の要点を、今村力三郎弁護士は「被告人ハ無政府共産主義ニシテ其信念ヲ遂行スル為大逆罪ヲ謀ル　動機ハ信念也」と記している。要するに「国体」と神聖な皇室を否定する思想そのものが大逆罪の適用対象となるということである。このことの重要性は、判決が下り、死刑が執行されて以後、多くの知識人がこのことを認識し、前回に引いた永井荷風がそうであったように、自らの生き方を振り返らざるをえなくなる。神聖な天皇への崇敬を否認して、この国で生きていくことはできないということだ。

田中伸尚は『大逆事件――生と死の群像』(岩波書店、二〇一〇年)で、「今村・平出の両弁護士がともに、平沼の「動機は信念」の部分に注目し書き留めたのは、「大逆罪裁判」が、国家が個人の思想を裁くところに事件の核心があると見抜いた」ことを示すとして、その重要性を指摘している(八四ページ)。啄木は一九一一年一月二四日に平出修から借りた検事聴取書や予審調書等などの資料によって、初めて当局側のこの論理について正確に知ることができたはずである。「国体」思想、つまりは神聖天皇信仰をもって思想を裁くこの当局側の論理については、「日本無政府主義者陰謀事件経過及び附帯現象」ではまだ予感的であって、明確にはなっていない。深い衝撃がこの列島を走ったのは、判決が示された一九一一年一月一八日以後のことであった。

第18章　大逆事件と世論誘導

報道統制による世論誘導

大逆事件の報道はきわめて限られたものであり、多くの国民は真相を知ることもできず、新聞報道を鵜呑みにするしかなかった。予審中であることを理由に報道を禁止していた政府だが、一九一〇年一一月九日、公判開始の決定を機会に公表に踏み切ることになる。国内では松室致検事総長による公表内容をなぞるものにとどまる。その後も、新聞紙法四二条とともに、「臣民の徳義」を掲げ、内務省警保局長名で報道自粛が求められていた（中村文雄『大逆事件と知識人』三一書房、一九八一年、五九ページ）。

だが、海外では批判的な報道がなされていた。山泉進「「大逆事件」のニューヨークへの到達」（山泉進編著『大逆事件の言説空間』論創社、二〇〇七年）は、『ニューヨーク・タイムズ』一一月一一日号の「神話はその力を失いつつある」と題された記事の内容を以下のように紹介している。

政治権力者に対する暗殺計画は失敗したにもかかわらず、参加者二六名に対して死刑宣告がおこなわれるということは信じがたいことである。日本人は永い間、支配者は神の末裔であり、一般の人間とは異なる存在であるということを信じ続けていて、その考えは政治的、あるいは社会的理由からいまだに残っている。しかし、その神話は西洋の慣習や思考を受け入れることによって脅かされている。日本の保守派や反動派がこの事件の原因を、古い生活様式を捨てた結果であるとするのも理由がないわけではない。しかし、古い時代においては、皇帝の神聖さといえども、野心ある側近が権力を手に入れるために、皇帝の実際的な権力を削ぎ、頼るところのない人形におとしめるためのものではなかったか。とりわけ神話を知り、権力よりも尊敬を好んでいる皇帝を暗殺することは、最悪のことである。(二七九ページ)

こうした報道を受けて、米国では幸徳秋水や大石誠之助らが購読者であった『マザー・アース』誌に集うグループが、日本政府への抗議運動を始める。知識人はこうした海外の評価を知っていたはずである。だが、国内では大逆事件の捜査や裁判のあり方に対して、批判的な声をあげることはできなかったのだ。

徳冨蘆花の「謀叛論」

予想を超えた過酷な判決ときわめて短期間での死刑執行は、新たな衝撃を及ぼしたが、そこでも批判的な声をあげることは困難だった。例外的な発言として記憶されているのは、徳冨蘆花が第一高等学校で行った講演「謀叛論」である。平和主義者、トルストイに傾倒していた蘆花は、

徳冨蘆花（国立国会図書館「近代日本人の肖像」より）

一九〇七年二月から、東京の郊外（現、世田谷区粕谷）で妻の愛子と半農生活を送っていた。一九一一年一月二二日、そこへ第一高等学校弁論部の学生が訪ねてきた。死刑執行は二四、二五日だから、まだその前のことである。蘆花は天皇を尊んでおり、「陛下より大赦があればいいが」と愛子にもらしていた。処刑の知る直前に、「天皇陛下に願ひ奉る」という文章を新聞社に送ってもいた。そんな蘆花だったから、学生の要請を受け、「謀叛論」と題して二月一日に行うこととなった。当日は、一〇〇〇人を収容する教室にあふれるほどの聴衆が集まったという。

「謀叛論」は岩波文庫版、徳冨蘆花『謀叛論』（一九七六年）他の形で参観できるが、ここでは池田浩士編・解説の『逆徒「大逆事件」の文学』（インパクト出版会、二〇一〇年）から引くことにする。

自ら謀叛人となるのを恐れてはならぬ

蘆花は、世田谷の自宅の近くには、井伊直弼の墓がある豪徳寺や吉田松陰の墓や松陰神社があるとともに、そのことを意識しないかのように日々を暮らす農民もいるという話から始める。蘭学者や松陰らは今日の日本を切り開いてきたのだが、その時々の権力者から謀反人とされてきた。今もときの権力に屈しない志をもつ者は必要とされている。そして、蘆花は「諸君、僕は幸徳君と多少立場を異にする者である」と論を進める。「僕は臆病者で血を流すのは嫌である」とも、「暴力は感心ができぬ」ともいう。だから、テロの計画が実現しなかったのはよかったが、一二名が殺されたことにも同意できない、という。彼らはただの賊ではない。「志士である。たゞの賊でも死刑はいけぬ。況んや彼等は有為の志士である。」「自由平等の新天地を夢み身を献げて人類の為に尽さんとする志士である。」

続いて蘆花は、社会主義や無政府主義を恐れるべきではないという。テロを企てたのはよくなかった。「短気がいけなかった。ヤケがいけなかった。今一足の辛抱が足らなかった。然し誰が彼等をヤケにならしめた乎。法律の眼から何と見ても、天の眼からは彼等は乱臣でもない、賊子でもない、志士である。」天皇の仁慈の心からすれば、死刑にするには及ばなかったはずではないか。このような政府が反抗を生むのだ。

斯様な事になるのも、国政の要路に当る者に博大なる理想もなく信念もなく人情に立つことを知らず、人格を敬することを知らず、謙虚忠言を聞く度量もなく、月日と共に進む向上の心もなく、傲慢にして甚しく時勢に後れたるの致す所である。

蘆花は「僕は天皇陛下が大好きである」と言う。自らが奉じる「理想」や「人格」と矛盾しないものとして天皇崇敬を支持する。それとともに、「自由平等」を掲げる人々を志ある者として称える。そして、「謀叛」と「志」を同等のものと見なす。

諸君、幸徳君等は時の政府に謀叛人と見做されて殺された。が、謀叛を恐れてはならぬ。謀叛人を恐れてはならぬ。自ら謀叛人となるのを恐れてはならぬ。新しいものは常に謀叛である。「身を殺して魂を殺す能わざる者を恐るゝ勿れ」。肉体の死は何でも無い。恐るべきは霊魂の死である。

「謀叛論」の歴史的意義

徳冨蘆花の「謀叛論」は大逆事件の事実関係や判決の具体的な内容には立ち入っていない。蘆花は平出修や石川啄木と異なり、この段階で、そのような情報に接することはできなかった。しかし、蘆花は独自の洞察によって、幸徳等の大逆事件の捜査と裁判と処刑の抑圧性を見抜いている。そして、そこに自由な個人と多様な政治的意思を押しつぶそうとする権力者の意思を見、それを正面から批判している。

蘆花は山縣有朋、桂太郎、平沼騏一郎ら、当時の治安政策を担った人々の姿がどれほどか見えていたのかもしれない。また、交友関係にある知識人等が感じ取っている圧迫感を彼なりに捉え返しもしただろう。日露戦争から日比谷焼き打ち事件へ、社会問題の深刻化と社会主義の流入、そして治安問題と思想問題の密接な連関の自覚という大きな流れを、蘆花なりに理解しつつ、大逆事件の意義を捉えようとしたのだろう。「謀叛論」に示された状況認識と思想課題の自覚はそれなりに的確なものだったと言えるだろう。

だが、「謀叛論」は長く刊行物に印刷されることはなかったし、その主旨が広く人々に知られることもなかった。この統治体制の下では、神聖な天皇を脅かすような言行は許容されず、権力によって封殺されるという事実が深く人々の心に刻みつけられることとなった。

平出修の「逆徒」

大逆事件の捜査と裁判と処刑に対する批判の言論は、弁護団の一人であった平出修によっても試みられた。弁護士であるとともに文学にも情熱を傾けていた平出が、大逆事件の関連情報を石川啄木に提供していたことは前回に述べた。その平出は、一九一四年に病気で世を去るまでに、「畜生道」、「計画」（ともに一九一二年、平出が刊行していた『スバル』に掲載）など大逆事件を素材にした作品を発表してきたが、一九一三年九月号の『太陽』に発表した「逆徒」は内務省にとがめられた。博文館発行の『太陽』は一八九五年に創刊され、これまで一度も発売禁止になったことはなかったが、この号は発売禁止になった。「逆徒」は第二次世界大戦後まで読むことができない作品となった（中村文雄『大逆事件と知識人』、三一書房、一九八一年、田中伸尚『大逆事件――生と死の群像』岩波書店、二〇一〇年）。

「逆徒」は裁判そのものを題材とした作品で、主人公は「若い弁護士」、つまりは平出自身を思わせる人物だ。無期懲役となり一九一六年に獄死した（自殺の疑いもある）三浦安太郎が「三村保三郎」の名で登場し、この人物を通して裁判の問題点を掘り下げようとしている。裁判官を批判的に描き出す叙述がしばしば見られる。管野スガが「真野すゞ子」の名で登場し、作品の末尾近くに、その最後の陳述が描かれている。自分は後代から栄誉と尊敬を受ける「犠牲者」だという部分には、主人公は「片腹痛いことに思った」とある。英雄気取りで無実の人々を巻き添えにする要因を作ったという見方だ。だが、続いて真野すゞ子の切々たる訴えが描かれている。

こんな犯罪計画は多人数を語《かた》って居ては、とても成就することが出来ないものだと、最初から私は気付いて居ました、ほんの四人っ切りの企です。四人っ切の犯罪です、それを沢山の連累者があるかの様に、検事廷でも予審でもお調をなされました。それは、全く誤解です。その誤解の為、どれ丈け多数の方々が苦しみましたか、貴方方ももう御存じでいらっしゃいます。此人達には年老った親もあり、幼い小供もあり、若い妻もあります。何も知らない事でもし殺されると云うようなことになりましたら、本人の悲惨は固より、肉親や知友もどれ丈けお上をお怨み致しましょうか。

これを聞いて、「若い弁護士も、彼女の此陳述には共鳴を感じた」とある。このあたりに平出の言いたいことの核心が見えている。

発売禁止に対する平出の抗議

平出は翌月、すなわち一九一三年一〇月号の『太陽』に「発売禁止に就て」という文章を寄せて、「内務当局者」に対して発売禁止に抗議する意思を表明している。そこでも「此項全部約二百行を抹殺す」という部分がある。そして、末尾には「余は……兎に角社会的行動を為すに際し、未だ嘗て衷心の疚しさを感ずる様なことはなかった。」「皇室を尊崇し、国民忠良の至誠を思うことは人後に落ちない積りである。」「此様に何等咎めらるべきことの全く無い余自身に対し、内務当局者は秩序紊乱者の汚名を与えた」と述べている。

徳冨蘆花の「謀叛論」、平出修の「逆徒」は大逆事件に対する批判的言論・表現の数少ない例である。このような形でしか批判を表明することはできなかった。大逆事件の経緯は、治安政策によって人々が神聖天皇への崇敬を強いられていく経過をよく表している。

第19章　大逆事件がよびさました皇道論

若い平泉澄と大逆事件

大逆事件は報道・言論を抑圧し、知識人を委縮させた。言論の抑圧に抗議しようとする声は乏しく、かろうじてあげられた場合も広く知られることはなかった。こうして大逆事件は、神聖天皇崇敬の強制に抵抗することが難しくなっていく一つの転機となった。

他方、大逆事件は人々の天皇崇敬を鼓吹し、神聖天皇への賛美を声高に唱え、人々に押し付ける動きに勢いをつけるきっかけともなった。昭和前期、東京帝国大学の国史学の助教授・教授として神聖天皇崇敬を鼓吹する側に立って大きな影響力を及ぼした平泉澄《ひらいずみきよし》（一八九五―一九八四）の場合を見よう。

若井敏明『平泉澄――み国のために我つくさなん』（ミネルヴァ書房、二〇〇六年）が記しているように、一九一一年一月の大逆事件判決を聞いた平泉は大きな衝撃を受けた（一一―一二ページ）。後に、大野中学校（後の福井県立大野高校）の生徒であった当時を回想して、平泉は以下のように述べている。文中に「内山兄」というのは、横浜高等商業学校の教授や大野中学校の校長を務め、一九三七年に世を去った内山（旧姓、十時）進を指している。

彼の事件が我等を驚魂駭魄《がいはく》せしめた事は、殆んどペルリの来航が幕末の人々を驚かした如くであつた。今までは安然として、ただ国体を謳歌賛美して、それでよいと思つていたものが、同胞のうちにもかかる凶悪の思想の侵入し来つた事を知つて、ここに慨然奮起し、身を以てこの凶逆思想を喰ひ止めねばならないと考へ、ここに我等の使命を痛感して、一生を之に捧げやうと志すに至つたのであつた。内山兄との交わり、真実の心の交わりは、全く此の志を同じうする所より起つたのであつて、それは決して普通の旧知旧交といふが如きものではない。（「莫逆《ばくぎゃく》内山兄を偲ぶ」、内山先生顕彰会編『追慕・内山進先生』内山先生顕彰会、一九九一年）

「ただ国体を謳歌賛美して、それでよいと思つていた」とあるように、平泉寺白山神社の神職の父をもつ平泉澄は、幼少期から天皇崇敬の念の篤い環境で育ったようだ。だが、大逆事件を知るに至って、愛国心が大いに燃え上がり、一九一一年一一月、十時進とともに「再びかかる凶徒の出現を防止せんが為に」（平泉澄『悲劇縦走』皇學館大学出版部、一九八〇年）中学校長に意見書を提出した。

夫レ青年時代ハ人生ノ危機ナリ、善ニ趣クト悪ニ趣クト、一ニ此ノ期ノ修養如何ニアリ、故ニ之ガ指導ノ任ニ当ルモノハ、宜シク大義名分ヲ明ニシ、皇国ノ道義ヲ説キ、一意専心、

之ヲ善ニ導クベキナリ、（『悲劇縦走』、三二二ページ）

道義を振りかざしているが、具体的にはある教員の排除を求める意見書だった。

夫レ雛ヲ飼フモノハ狸ヲ養ハズ、獣ヲ畜フモノハ豺《さい》ヲ畜ハズトイヘリ、先生若シ俊秀ノ子弟ヲ養成セン事ヲ期シ給ハバ、冀クハ〇〇〇〇ヲ学校ヨリ除去シ給ハン事ヲ（同前、三二三ページ）

平泉澄（第四高等学校時代、若井敏明『平泉澄——み国のために我つくさなむ』ミネルヴァ書房、2006年より）

〇〇〇〇は教員の名であろう。想像するに、社会問題とかトルストイにふれる話をするような教員だったのだろうか。このような生徒の行動が許容されること自身、教育現場で「皇国の道義」の神聖化が大きく前進することを意味している。大逆事件をこのような「道義」の事柄と受け止めた若者はどれほどいたのだろうか。

南北朝正閏問題の経緯

平泉が大逆事件後に皇道論的な立場からの行動に向かったのは、南北朝正閏《せいじゅん》問題（どちらが正統でどちらが正統性を欠いたものかをめぐる問題）の影響もあると推測される。大逆事件の判決・処刑と前後して南朝と北朝を歴代天皇の系譜上にどう位置づけるかをめぐる目立った動きがあり、日本史（国史）の学問と教育に大きな変化が生じたのだ。しかもこの南北朝正閏問題自体が大逆事件に刺激されて起こったものであり、思想・言論統制、世論誘導にはずみを与えた事態の進展であった。

この問題がマスコミによって取り上げられ政治的な争点となっていく経過について、主に、小山常実「南北朝正閏問題の教育史的意義」（『日本の教育史学』教育史学会　三〇号、一九八七年）により、山崎藤吉・堀江秀雄編纂『南北朝正閏論纂』（鈴木幸、一九一一年）を参照しながら見ていきたい。

ことの起こりは一九一〇年一二月一〇日に始まった大逆事件裁判の法廷において、被告の幸徳秋水が「いまの天皇は南朝の天子を暗殺して三種の神器をうばいとった北朝の天子ではないか」と発言したことが外部にもれて、教科書の歴史記述を問題にする動きとなったこととされる。（この幸徳の発言、またそれが外にもれたというのが史実かどうか確認はされていないが、そう伝えられてきたのは事実である。）それに先立って学校教員の俸給を国庫負担とすることを求める運動があり、大日本教育団という団体が結成されていた。この団体に属する峰間信吉（鹿水）（一八七三―一九四九）という人物が、国定教科書の叙述が南北朝両立論であるとして問題視し、小学校教科書の改訂を求める動きを始めた。一九一一年一月一二日、まず『中央新聞』がこれを取り上げる。

続いて、大逆事件の判決が下された翌日の一月一九日、『読売新聞』に「南北朝正閏問題〔国定教科書の失態〕」が掲載されると、運動が拡大していく。早稲田大学の牧野謙次郎と松平康国が又新会《ゆうしんかい》代議士、藤沢元造に働きかけ、衆議院に意見書を提出させ、立憲国民党の犬養毅や河野広中もこれに同調する。二月二二日には、犬養・河野の連名で「大逆事件並びに南北朝正閏論に関する決議案」を提出する。相前後して、大日本国体擁護団が結成され、各地で講演会や政府弾劾集会が開かれるようになる。その後、二ヶ月にわたって、『日本及日本人』『教育界』『太陽』『読売新聞』などで南北朝正閏論がさかんに取り上げられた。

政府を動かしたのは山縣有朋で、桂太郎首相と小松原英太郎文部大臣に働きかけ、二月二七日、北朝の光厳天皇以下の五天皇の歴代表からの削除と、教科書の改訂とを閣議決定させた。また、同日、問題とされた教科書の作成者である喜田貞吉に文部編纂の休職を命じた。喜田は翌日、教科用図書調査委員を辞任する。三月八日には、喜田とともに東京帝大で国史を講ずる三上参次も教科用図書調査委員を辞任する。一四日には師範学校教授要目が改正され、「南北朝」にかえて「吉野の朝廷」と時代表記することになった。

南北朝正閏問題とは何か?

この一連の動きは、多くの現代人には何が問題だったのか、分かりにくいだろう。楠木正成や新田義貞が支えてきた後醍醐天皇が足利尊氏の軍に敗れ、一三三一年に即位した光厳天皇の系譜が京都にあって優位に立つ。そして、光明天皇、崇光天皇、後光厳天皇、後円融天皇、後小松天皇と続く。これに対して、吉野に移った後醍醐天皇側は三種の神器を受け継いでいるとして、後醍醐天皇の没後は、後村上天皇、長慶天皇、後亀山天皇が天皇位を相続してきた。前者が北朝、後者が南朝である。そして、一三九二年、足利義満の調停により、後亀山天皇が後小松天皇に三種の神器を渡して譲位し、南北朝は合一したというのがふつうの理解だ。これによると、約六〇年間、南朝と北朝が両立していたという理解になる。

ところが、徳川光圀以来の南朝正統論の立場からすると、北朝の天皇は天皇とは認められないことになる。後醍醐天皇は王政復古の模範を示した天皇であり、明治維新を先取りする変革の試みだった。それを支えた人々こそ尊皇の人々であり、明治維新後の神権的国体論の体制にとって義とすべき人々である。とくに楠木正成こそが自らを犠牲にして万世一系の天皇に身を捧げたのであり、尊皇精神の代表者ということになる。また、南朝の天皇に逆らった北朝の皇位継承者は反逆者ということになる。北朝の歴代皇位継承者たちは、実は天皇とは認められない。後小松天皇も後亀山天皇から皇位を譲られて、はじめて天皇となったのであり、それによって万世一系を継承する正統の天皇になったということになる。北朝を認めてしまうと、「明治天皇も北朝の系譜」という論に堅固な反論ができないことになる。

大逆事件に乗じた国体論唱導競争

一九一一年二月二一日の衆議院の本会議に「大逆事件並に南北朝正閏論に関する決議案」が提出される。その冒頭は「恭《うやうや》しく惟《おもん》みるに我日本帝国たる肇建《ちょうけん》極めて遠く載史の久しき世界に類例を看ず。是れを以て時に治乱なきに非ずと雖、皇室に対し奉り未だ嘗て大不韙《ふい》を犯したる者あらず。是れ列聖覆育の皇沢、深く民心に信孚《しんぷ》するに由りてなり」。今上陛下にあっては民への愛はとくに深く、こうして憲政にまで導いて来られた恩は大きい。「然るに今や陛下御宇の下に悖《はい》逆彼《ぎゃくひ》が如き狂豎《きょうじゅ》を出し以て国体の尊厳を汚瀆せり」。これは単に少数の反逆者の問題に止めておくべきことではない。このような事態をもたらした閣臣、政府の問題でもあるのだ――こう論が進んでいく。

国民教育なるものは立国の要義に合し、国民の国民たる志操精神を涵養するものならざるべからず。然るに政府が国定教科書の一として昨年四月より普《あまね》く全国の小学に課したる日本歴史に於て、皇祖の神誓と皇室典範とを蔑視し、赫々たる天皇神器の在る所を問はず、万世一系の皇祚に対し奉り、敢て濫りに正閏なしとの妄説を容る。(『南北朝正閏論纂』、三九ページ、句読点は島薗が補った。)

これはとんでもないことである。国務大臣としての責めは免れない――決議案はこのように論じていく。大逆事件で悪がはっきり名指されたことにより、神聖天皇という絶対正義を持ち出すことで優位に立てる条件が急速に増大し、体制派も野党側もそこに目をつけた。南北朝正閏問題はその絶好のネタだったのだ。

国体を振りかざす犬養毅の演説

二三日には、さらに桂首相問責決議案が提出され、犬養毅が提案演説を行った。その内容は史学協会編『南北朝正閏論』（修文閣、一九一一年）に「新聞の伝えるところ」として掲載されている。波田永実《はたながみ》「国体論の形成Ⅰ～南北朝正閏論争からみた南朝正統観の歴史認識」（『流経法学』第一六巻第二号、二〇一七年二月）から引く。

教科書問題に就ては、余は学者の仲間入して事実の探求をなすものに非ず。然れ共、彼の維新の鴻業は何によりて樹立せられしか、皆南朝正統論によりて満天下の志士の熱血を湧かせしが為に非ずや。（中略）大和民族の誇りとする所は、三千年来万世一系の天子を戴き、金甌無欠の国体を維持するに在り、而して天に二日なきの明白なるに拘らず、南北朝の並立を認むれば、従つて日本が二つとなりしことを認めざるべからず。此の如きは我国体上恕すべからざること、余の殊更に論ずるまでもなし。余は学者の随意なる研究に容喙するを好むものに非ず。然れども、堂々と教科書に此不都合を明記して、南北朝の正閏を怪しくするに至りては、断じて許す能はざる所なり。

更に他の事実を云へば、文部の編纂官は、三種の神器と皇位との関係につき、若し天皇の践祚に神器必要とせば、権力あるもの来りて之を奪取するあらば、如何と暴論するに至れり。

犬養毅（国立国会図書館「近代日本人の肖像」より）

> 斯の如きことを敢て言議し、実力さへあらば正位なりと云ふが如き意味を仄めかすは幸徳以上の大逆なり。此事は文部大臣一人の引責にて止るべきに非ず。内閣全体の責任なり。此際内閣が自ら引責辞任することは我国体を保存し光輝ある歴史を永遠に維持する所以にして、余は諸閣臣の喜んで此挙に出づべきを信じ、敢て之を勧告し、彼の決議案を提出したるものなり。

野党の立場の犬養毅らは、大逆事件に乗じて三種の神器の神聖性や皇道論（神権的国体論）を持ち出して政府を攻撃した。山縣有朋に促された政府はこれを受けて、皇道論を学問的な真理の上位に置く決定をした。平泉澄のような若者は、こうした政治状況にインスパイアされて皇道論的な学問への情熱を燃やすこととなったのだった。

第20章　国体論に基づく思想・言論の抑圧を批判する可能性

南朝正統論を押し通した山縣有朋

南北朝正閏問題では明治天皇と宮内庁は南朝北朝並立論に与していたとされる。しかし、政府は南朝正統論を「正しい」歴史とした。明治天皇と有力な歴史学者がともに南北朝並立を史実として支持していたにもかかわらず、万世一系の国体の理念と国民の神聖天皇崇敬を強めるとの意図があったからだ。日比谷焼き打ち事件（一九〇五年九月）、血の日曜日に始まるロシア第一革命（一九〇五―一九〇七年）、朝鮮での相次ぐ義兵闘争や伊藤博文暗殺（一九〇九年一〇月）などに危機意識を感じた山縣らが、大逆事件にかこつけて天皇の威を借りる体制のいっそうの強化を図ったという面が大きい。

作家の松本清張は『小説東京帝国大学』（新潮社、一九六九年、ちくま文庫版、下、二〇〇八年）でこう述べている。

だが、誰が考えても不思議なのは明治天皇は北朝の系統である。その北朝を閏として対立

した南朝を正とするのはいかにも理屈に合わないような気がする。（中略）
幕府史観は、北朝が正、南朝が閏であった。南朝を正とする明治史観になったのは、倒幕運動家が政府をつくってからである。元老山縣有朋はもとよりその巨魁の一人である。こういう史観にしなければ、元老たちの「思想」が首尾一貫しない。
喜田貞吉の南北朝併立論は、科学的史観によって尊王史観（水戸史観）を是正したものだが、これが山縣の不快を呼んだのは当然だ。
しかし、山縣がこの問題に不快以上に激怒したのは、喜田の史観だけではない、喜田と同じ実証史観に立つ久米邦武の史論を読んで大逆事件の被告森近運平が「不忠の念」を起したというところにあった。（二〇七―二〇八ページ）

山縣有朋（国立国会図書館「近代日本人の肖像」より）

南朝正統論が押し通されたのは、桂太郎首相とその背後にあった山縣有朋の意志が強く働いたためだとされる。山縣は大逆事件と南北朝正閏問題の双方において、神聖天皇を掲げて治安を強化し、思想を統制し、世論を誘導する方向へと舵をとった立役者の一人である。

思想・言論の自由抑圧と森鷗外

ここで注目されるのが森鷗外である。森鷗外は山縣と親しい関係にあるとともに、石川啄木や平出修のように大逆事件に批判的な立場の文学者や知識人とも親しかった。賀古《かこ》鶴所《つるど》とともに山縣有朋亭での月一度の歌会「常盤会」の幹事を務めていた鷗外は、与謝野鉄幹や晶子とともに、石川啄木が発行名義人となり、平出の自宅が発行所となっていた文芸雑誌『スバル』（一九〇九―一九一三年）の中心メンバーでもあった。

森鷗外（国立国会図書館「近代日本人の肖像」より）

森鷗外は大逆事件と南北朝正閏問題を題材にして、思想や言論の自由が抑圧される状況に向き合い、作品を通して発言しようとした。

また、石川啄木や平出修を側面的に助けてもいた。公判が開始された一九一〇年一二月一〇日の傍聴席には森鷗外の姿があったと報道されている。鷗外が抵抗の行動を助けたのは確かだ。では、鷗外の作品はどうか。徳冨蘆花の「謀叛論」や平出修の「逆徒」は明確に抵抗の思想の表現であり言論だったが、鷗外のこの時期の作品は思想・言論の抑圧が知識人らにもたらした緊張感を描き出した点で際立っている。思想・言論の抑圧を批判しつつも、抑圧的な状況でどのように生き延びていけるのか、どのような考え方が必要かを問うような趣である。

この問題については、山崎一穎《かずひで》『森鷗外――国家と作家の狭間で』（新日本出版社、二〇一二年）、第五章「一九一〇年前後の政治と文学」が助けになる。すでに一九〇七年一一月、四五歳の森林太郎は陸軍軍医総監（中将官相当）、第八代陸軍省医務局長に就任している。軍人・官僚の中でも少数の高官のひとりである。その森林太郎（鷗外）の『ヰタ・セクスアリス』を掲載した『スバル』が、一九〇九年八月、発禁となった。鷗外は次官から戒飭《かいちょく》を受けている。少し後に（一九一一年）、鷗外は職を辞する構えを見せもした。

森鷗外「沈黙の塔」

他方、鷗外は一九一〇年の春以来、「忠君愛国、法律、経済、文学」等の総合雑誌を刊行することも視野に入れた「永錫会《えいしゃくかい》」という山縣有朋周辺の人々の集まりに関わっている。山縣邸で開かれた一〇月二九日の会合には、鷗外や賀古鶴所や井上通泰のような常盤会のメンバーとともに内務大臣平田東助、文部大臣小松原英太郎、東京帝大教授穂積八束らも加わった。大逆事件の被告全員の起訴が決まった二日後である。平出修が大逆事件の被告の弁護にあたって鷗外の教示を受けたことは鷗外自身も認めている。大逆事件の強権的捜査を批判するような「沈黙の塔」や「食堂」を執筆しながらも、抑圧する体制側の高官の地位は守っている。一九一二年には山縣有朋に依頼され陸軍二箇師団増設のための意見書を書いている。

大逆事件と南北朝正閏問題に関わって鷗外が発表した作品としては、まず「沈黙の塔」があり、「食堂」（一九一〇年一二月）、「かのやうに」（一九一二年一月）、「大塩平八郎」（一九一五年一月）が知られている。『三田文学』（永井荷風が編集兼発行人）の一九一〇年一一月号に掲載された「沈黙の塔」は寓意小説で、インド西岸の「Malabar hill」（マラバア・ヒル）にある「Parsi（パアシイ）族」の塔が舞台だ。Parsi族は現代もインドに残るゾロアスター教の人々を指すが、それが残忍な殺し合いをする一部族という設定だ。「塔」に次々に囚人が運び込まれている。しかし、中で何が起こっているかは分からない。捕らえられた人々の声は聞こえない。「沈黙の塔」とはそのような意味である。以下は、改行箇所を改行せずに引用する。

「なんであんなに沢山死ぬのでしょう。コレラでも流行っているのですか。」「殺すのです。また二三十人殺したと、新聞に出ていましたよ。」「誰が殺しますか。」「仲間同志で殺すのです。」「なぜ。」「危険な書物を読む奴を殺すのです。」「どんな本ですか。」「自然主義と社会主義との本です」「妙な取り合わせですなあ。」（ちくま文庫版『森鷗外全集』2、一三七―一三八ページ）

まだ、数百人に及ぶ検挙が続いていた段階でこの小説は書かれた。もちろん、多数の死刑判決が出て、すぐに執行されるとは予想もできない時期だ。

続いて、自然主義とは何かの説明がある。「この思想の方嚮《ほうこう》を一口に言えば、懐疑が修行で、虚無が成道である。この方嚮から見ると、少しでも積極的な事を言うものは、時代遅れの馬鹿ものか、そうでなければ嘘衝《うそつ》きでなくてはならない」（一三九ページ）。また、「衝動生活、就中《なかんずく》性欲方面の生活を書くことに骨が折ってある事であった。それも西洋の近頃の作品のように色彩の濃いものではない。言わば今まで遠慮勝ちにしてあった物が、さほど遠慮せずに書いてあるという位に過ぎない」（同前）。それでも、以上のふたつの特徴を誇示して「現代思想」だ、「新人」だと唱えるのが日本の自然主義小説だ。このように、鷗外は西洋の思想動向がよく見えている者として、それを読者に提示しつつ、日本の動向をどう見るかを教えていく。

思想・言論抑圧と大逆事件捜査への批判

そして、大逆事件の捜査状況がもたらしている思想・言論・表現の抑圧を暗示する。

　そのうちにこういう小説がぽつぽつと禁止せられて来た。その趣意は、あんな消極的思想は安寧秩序を紊《みだ》る、あんな衝動生活の叙述は風俗を壊乱するというのであった。
　丁度その頃この土地に革命者の運動が起っていて、例の椰子の殻の爆裂弾を持ち廻る人達の中に、パアシイ族の無政府主義者が少し交っていたのが発覚した。そしてこのPropagande par le fait の連中が縛られると同時に、社会主義、共産主義、無政府主義なんぞに縁のある、ないし縁のありそうな出版物が、社会主義の書籍という符牒の下に、安寧秩序を紊《みだ》るものとして禁止されることになった。（一三九―一四〇ページ）

鷗外自身が平出らを助けつつ身の危険を感じていた様子がうかがえる。「文士だとか、文芸家だとか云えば、もしや自然主義者ではあるまいか、社会主義者ではあるまいかと、人に顔を覗かれるようになった。／文芸の世界は疑懼《ぎく》の世界となった」（一四〇ページ）。今の言葉でいえば、疑心暗鬼というところだろう。思想・表現をチェックされており、いつ捕らえられるか分からない。さらに西洋現代思想通の鷗外にとってとくに危惧すべき事態を記す。「この時パアシイ族のあるものが「危険なる洋書」という語を発明した」（同上）。「危険なる洋書が渡って来たのは、Angra Mainyu の神の為業《しわざ》である。／危険なる洋書を読むものを殺せ。／こういう趣意で、パアシイ族の間位で、Pogrom の二の舞が演せられた。そして沈黙の塔の上で、鴉《からす》が宴会をしているのである」（一四一ページ）。

「学問も因襲を破って進んで行く」

Angra Mainyu は善悪二元の神がいるとするゾロアスター教の悪の神の名である。キリスト教で言えばサタンにあたる。Pogrom は少数民族に対する組織的虐殺で、ユダヤ人に対するものがよく知られている。「鴉の宴会」が何を指すのか、必ずしも明白ではないが、幸徳秋水ら捕らえられた者たちを恐るべき悪の担い手として描き出すマスコミの言説や政治家の発言などを指すのであろう。鷗外自身、山縣邸での宴に度々参加していたのではあるが。

この小説は六節に分けられているが、第五節で鷗外の本音が吐露されている。「パアシイ族の目で見られると、今日の世界中の文芸は、少し価値が認められている限は、平凡極まるものでない限は、一つとして危険でないものはない」(一四五ページ)。「芸術の認める価値は、因襲を破る処にある。……因襲の目で見れば、あらゆる芸術が危険に見える」(同前)。「学問だって同じ事である。/学問も因襲を破って進んで行く。一国の一時代の風尚に肘を掣せられていては、学問は死ぬる」(一四六ページ)。芸術が危険というなら、学問の方がもっと危険だ。サンシモン、マルクス、トルストイ、バクーニン、クロポトキン、モーパッサン、ショーペンハウエル、ニーチエ、スティルナー等の名を数多くあげ、鷗外は第五節をこう結んでいる。

芸術も学問も、パアシイ族の因襲の目からは、危険に見えるはずである。なぜというに、どこの国、いつの世でも、新しい道を歩いて行く人の背後には、必ず反動者の群がいて隙を窺っている。そしてある機会に起って迫害を加える。ただ口実だけが国により時代によって変る、危険なる洋書もその口実に過ぎないのである。(一四七ページ)

そして、第六節は「マラバア・ヒルの沈黙の塔の上で、鴉のうたげが酣《たけなわ》である」の一行だ。これで作品は終わる。

「沈黙の塔」には大逆事件で思想犯を次々に捉える政府と、政府の意図のままに報道する当時のマスコミに対する批判が含まれているが、寓意の形をとり発禁は免れることをねらっている。陸軍軍医総監(中将官相当)、第八代陸軍省医務局長であり、山縣有朋やその配下の閣僚と親しかった森林太郎の芸術作品を、「ヰタ・セクスアリス」に続いて発禁にはできないと踏んでいたのかもしれない。啄木や平出はいくらかなりと鼓舞されただろう。鷗外でなくてはできない芸当と言える。

第21章　天皇崇敬秩序に服する「かのように」

峯尾節堂と臨済宗妙心寺派の対応

一九一〇年から一一年にかけての大逆事件によって、ものごとを自由に考え自らの考えを表明できる余地が一段と狭められた。神聖天皇を柱とした社会秩序を受け入れないと重い制裁に処せられると受け止められた。追い打ちをかけるようにして南北朝正閏問題が生じ、その事態がさらに明瞭になった。以前から、思想・良心の自由、また言論の自由に枠がはめられていたとしても、その枠が鮮明かつ厳格なものとなった。

大逆事件の被告を抱える宗教集団も、この脅威にさらされ天皇崇敬を高唱し恭順の意を表明した。大逆事件では曹洞宗の内山愚童《うちやまぐどう》、浄土真宗の高木顕明《たかぎけんみょう》、臨済宗の峯尾節堂《みねおせつどう》が捕らえられ、内山は死刑に処せられた（後に峯尾は獄死、高木は自殺）。三重県南牟婁郡泉昌寺の留守居僧であった峯尾節堂（一八八五―一九一九）の例について見ていく（田中伸尚『囚われた若き僧　峯尾節堂――未決の大逆事件と現代』岩波書店、二〇一八年）。峯尾は死刑判決を受けながら翌一月一九日恩赦で無期懲役に減刑された。臨済宗妙心寺派はすでに一九一〇年一一月一四日に峯尾を「擯斥《ひんせき》」(僧籍剥奪)処分にしていたが、一一年一月一三日、二七日付で「宣示」を発し、内務省宛の「陳情書」、宮内大臣宛の「上申書」を提出している。臨済宗妙心寺派管長豊田毒湛の名による宣示は次のようなものである(『市川白弦著作集　第四巻　宗教と国家』法蔵館、一九九三年、四一九ページ)。

我国における臨済宗立教開宗の要旨は興禅護国に在り。是の故に本宗一般寺院の本尊前には、今上天皇陛下聖寿万歳の尊牌を奉安し、国家鎮護の道場たることを表示し(中略)以て本宗の教徒信徒をして依準する所を知らしむ。而して布教伝道の目的も亦衆庶をして転迷開悟安心立命の要路を知らしめ、以て国法を遵守し倫常を保維して、愛国尽忠の志念を体認せしむるに在り。今上陛下さきに教育勅語並びに戊申証書を煥発し給い、帝国臣民の依るべき大道を宣示し給えり。叡志炳乎として日星の如し。我国民たるもの誰か感奮せざらんや。然るに近来一種不穏の思想を鼓吹し、国家の秩序を紊乱せんと企つる者あり。惟《おも》うに是等危険なる思想は、我宗立教開宗の精神に戻《もと》るのみならず、仏陀所説の因果の理法を無視し、悪平等の邪見に堕在するより生ぜしものに外ならず。

峯尾は恩赦で減刑されたことを知ると「聖恩の有難きに感泣し居る次第なり」と述べ、「万世一系の尊崇無比なる皇室を奉戴しおれるということを深く感銘して忘れざるようにする事肝要なり」と述べたという。臨済宗妙心寺派が峯尾節堂の「擯斥」処分の取り消しを明らかにしたのは、

峯尾節堂（1909 年頃、前列中央。臨済宗妙心寺派人権擁護推進委員会編著『峯尾節堂師に学ぶ人権』、1999 年より）

一九九六年のことである。

森鷗外「かのように」と思想・良心の自由

大逆事件とそれに続く南北朝正閏問題が思想・良心の自由、学問・言論の自由にどのような影響を及ぼしたかを問うている。それはまた、どのような事情があって国家が求める神聖天皇崇敬に人々が距離を取ることが困難になっていったかを問い直すことでもある。峯尾節堂の事例にふれたのは、この問いの重要性を再確認したかったからである。

第20章から述べているように、同時期の森鷗外のいくつかの作品には、こうした問いを自らに投げかけ、この事態にどう対処するかを示そうとする姿勢が見て取れる。前回、裁判が始まる前の一九一〇年秋に書かれた「沈黙の塔」について見てきたが、今回は一九一二年一月に発表された「かのように」を見ていきたい（『森鷗外全集3　灰燼　かのように』ちくま文庫、一九九五年）。

「かのように」の主人公はいかにも華族的な名前の五条秀麿である。学習院から帝国大学文科大学に進み、国史の研究を生涯の仕事にするつもりだが、卒業論文は「迦膩色迦《カニシカ》王と仏典結集《けつじゅう》」というテーマを選んだ。国史は自分の立ち位置が決められないので避けて、インドにおける仏教史のテーマに逃げた。父の五条子爵は、秀麿に家督相続をさせて、「皇室の藩屏になって身分相応の働きをして行くのに、基礎になる見識」（二六〇ページ）をもたせようと考え留学もさせた。ところが、卒業論文を執筆する頃から秀麿は元気がなくなり、目が異様に赫《かがや》いて、もともとの社交ぎらいが輪をかけてひどくなった。

信仰と科学、神話と歴史

卒業後、直ちにドイツに留学、三年のベルリン滞在で元気になって帰ってきたようだが、やはり内には危ういものをもっている。母親も実はあまり変わっていないと感じる。留学中の手紙などから、父の五条子爵は息子の秀麿が危険思想の影響を受けているのではないかと案じている。秀麿の鬱屈に信仰と学術的思想との対立ということが背後にあることが示唆される。

ドイツを初めとする西洋諸国では、キリスト教の信仰と科学の知識がくい違い、聖書に書いてあることをそのまま信仰することができない学者が多い。心の中で懐疑が大きくなり、「信ずることができない」ことによる煩悶が深まる。一つの生き方は、体系的信仰の対象が「あたかもあるかのように」ふるまう道である。「あたかもあるかのように」はドイツ語の「アルス・オップ」、フランス語の「コム・シイ」、英語の「アズ・イフ」だが、これはごまかしだという意識を払拭できない。

鷗外はドイツの哲学者、ハンス・ファイヒンガーの『アルス・オップの哲学』という一九一一年刊行の評判の本を持ち出して、そもそも人間の現実把握は、現実を「何ものかとして」捉えるのだから、「かのように」捉えるというのはごまかしの思想ではないという考え方も紹介している。早い時期にシュライエルマッハーも「神を父であるかのように考える」と言っているし、もっと古く孔子も「祭るに在《いま》すが如くす」と言っている。だが、これらの思想に深く踏み込んではいない。むしろ、「かのように」というのは弱く不健康な立場だとの見方が強調されている。

そして、実は問題は「神話と歴史」の対立というところにあることが語られていく。まさか父も文明が開けていない時代に人々が作った神話を、そのまま歴史だと信じてはいないだろう。だが、それを明言してしまうと、世界観の基礎が崩れて「物質的思想」が入ってきてしまい、国の秩序が瓦解してしまうのではないか。ここで、問題が天皇崇敬と一体の神権的国体論と歴史学的な国史理解の対立にあることが、わかる人にはわかるように書かれている。南北朝正閏問題で問われたことだ。歴史学的国史理解は「危険思想」になる。これが国家運営を担う立場の保守的な父の懸念だ。秀麿はそれがよくわかっているので、国史に取り組めないでいる。「どうも神話と歴史との限界をはっきりさせずには手が著けられない」(二七八ページ)。

不自由な歴史家、自由な芸術家

このように行き詰まりの中にある秀麿に対し、後半で登場する洋画家の友人、綾小路は何の煩悶もない。彼にとっては、現実そのままに絵を描こうとすれば、そこに「怪物」(「かのように」に関わる究極的な規範)が混じるのは当然だから、何の問題もないという。綾小路「怪物が土台になっていても好いから、構わずにどんどん書けば好いじゃないか。」秀麿「そうは行かないよ。書き始めるには、どうしても神話を別にしなくてはならないのだ。」(中略)綾小路「それでは僕のかく画には怪物が隠れているから好い。君の書く歴史には怪物が現れて来るからいけないと云うのだね。」秀麿「まあ、そうだ。」綾小路「意気地がないねえ。現れたら、どうなるのだ。」秀麿「危険思想だと云われる。（中略）第一父が承知しないだろうと思うのだ。」

秀麿は過去の時代の信念をそのままは受け入れないが、「かのように」受け止めて、進化して行く人間の未来に向けて進んで行くのだという。素朴な信仰に帰ることはできない。「祖先の霊があるかのように背後《うしろ》を顧みて、祖先崇拝をして、義務があるかのように、徳義の道を踏んで、前途に光明を見て進んで行く。そうして見れば、僕は事実上極《ご》蒙昧な、極《ご》従順な、山の中の百姓と、なんの択ぶ所もない。ただ頭がぼんやりしていないだけだ」（二八八—二八九ページ）。これが秀麿の「かのように」の立場だが、これに対して綾小路は「意気地がない」「駄目だ」という。信じてもいないものを掲げていても誰もついて来ないだろう。歴史という学問を選択し、社会的に権威あることを言わなくてはならないような立場にいるから行き詰まるのだ——これが綾小路の応答だ。

秀麿が始終気にしている父の五条子爵は、鷗外にとっての山縣有朋を思わせる。鷗外は山縣の意向を忖度しながら、言動を慎み作品の内容を抑えなくてはならない立場にあった。一方の綾小路の立場は、鷗外がよく通じている欧米の文学者や芸術家のそれに似て自由である。鷗外は欧米思想の紹介者としては綾小路に近いのだが、日本の政治体制に関わる思想となると秀麿のように煮え切らない立場になる。

何が抑圧されているのか?

この作品では、「危険思想」という言葉が用いられ、学術的に歴史を叙述することができない状況が前提とされている。したがって、思想・良心の自由や学問・言論の自由が脅かされていることにどう向き合うかが問われているのは明らかだ。ところが、その答えが何なのかはたいへんわかりにくい。主人公の五条秀麿は、確かに知的・政治的自由の抑圧によって苦しんでいるはずだ。ところが、秀麿の苦悩は知的・政治的な自由をめぐる問題というよりは、神話をそのとおりには受け入れることができない近代知識人一般の内面的苦悩として捉えられている。神話を排した歴史の叙述が「危険思想」として抑圧されるのは、神聖な天皇と国体論的歴史に反するものとされるからだが、その肝心なところが述べられていない。

少なくとも、この作品では「危険思想」の抑圧に対する批判の意思が語られてはいない。綾小路の「どうしてお父うさんを納得させようと云うのだ」という問いに対して、秀麿は「僕の思想が危険思想でもなんでもないと云うことを言って聞せさえすれば好いのだが」（二八七ページ）と述べる。だが、綾小路に「僕がお父うさんだと思って、そこで一つ言って見給え」と言われると、秀麿は「困るなあ」といって室内をあちこち歩き出す。秀麿は父に代表される「神話＝国体論による秩序維持」の立場を批判できず、歴史による実質的な神話の相対化を進めることもできない。「自由な表現」を貫いているように見える綾小路は画家なので、真実に迫ろうとする自由な表現が危険思想とは受取られない立場にいるという設定だ。秀麿の対抗者となるもうひとりの登場人物がもし文学者だったとすれば、思想や表現の抑圧、またそれへの抵抗がもっと明瞭に描かれただろう。作家ではなく画家を登場させたのは、抑圧と抵抗という問題からの巧妙な逃げと見ることもできる。

結論としてはこうなる。大逆事件と南北朝正潤問題に触発されて書かれたと思われる「かのように」は、神聖天皇や国体論による言論抑圧の状況を映し出し、それに抵抗する意思を示した作品とは言いにくい。「かのように」以後、鷗外は同時代の思想・言論抑圧の問題に触れることはなくなる。

第22章　知識人が国家神道を進んで担う時代

帝都の神社と知識人

第14章では、「少し時計を巻き戻して」と記し、日露戦争（一九〇四―一九〇五年）から明治天皇の死に至る時期の天皇崇敬をめぐる民心の変化について見てきた。また、大逆事件などを通じて、永井荷風や森鷗外などの知識人が天皇崇敬の宗教的秩序に逆らえなくなっていく事情にも目を配ってきた。こうした遠回りを経て、今回は再び第13章の記述に連結する。

第13章では、「皇室＝神社の一体性と国家神道の新展開」との題を掲げた。ここで手がかりにしたのは、平山昇『初詣の社会史――鉄道が生んだ娯楽とナショナリズム』（東京大学出版会、二〇一五年）である。この書物の第四章「知識人の参入」で、平山は「「皇室＝神社」の認識の広がり」という項を設けて、この時期に急速に「神社神道のプレゼンスが高まり続けていく」（一二六ページ）と述べていた。それはそれ以前の明治期、とりわけ明治期の東京と対比される。「明治期東京には特別な求心力を有する国家的神社が存在しなかった」。

水天宮（上）と日比谷大神宮（下、現東京大神宮）（田山宗尭編『東京府名勝図絵』、1912 年、国立国会図書館デジタルコレクションより）

一八九九年に刊行された平出鏗《こう》二郎『東京風俗志』には、「日吉神社は官幣大社の貴きも、昼さえ神寂びて参詣の客の少きに、蠣殻町の水天宮は無格社ながら、暁天既に信徒の門前に群参して、拝礼するを見るなり」と記されていた（『東京風俗志』上、ちくま学芸文庫、二〇〇〇年、一六四―一六五ページ）。なお、江戸総鎮守の神田明神の社格は府社であり、参拝者は多いが、大己貴命《おおなむちのみこと》に「朝敵」というべき平将門が合祀されていた（明治維新後、境内社に移された）という神社であった。江戸の祭といえば、神田明神の神田祭と山王権現（日枝神社）の山王祭だが、どちらも国家神道の主要な神社とは趣を異にしていた。元来山王権現だった日枝神社は、実は当時は官幣大社ではなく一八八二年に官幣中社に列せられたのだが、これは東京に別格社の靖国神社以外、官社がないことから、東京府と内務省の主張が認められたものだという。

国体と神道の一体性

平山は「この神社の昇格自体に、帝都における国家的神社の不在という状況が反映していたのである」と述べている。

このような状況にくわえて、郊外に延びる各鉄道の積極的な集客戦略によって川崎大師・成田山・西新井大師など郊外の著名寺院への参詣が賑わいを増し続けたこともあって、明治期東京の初詣は総じて神社よりも寺院の比重が高い「寺社」の初詣であり、国家神道とは程遠いものであった。

小括すれば、明治期知識人の全体的傾向として天皇崇敬と神社崇敬が結びついていなかったうえに、知識人の多くが集住していた東京では求心力のある国家的神社が存在していなかった。彼らは思想的にも空間的にも、神社参拝から隔たっていたのである。（平山『初詣の社会史』、一二五ページ）

日露戦争による靖国神社のプレゼンスの増大、明治天皇の死と乃木希典の殉死、そして明治神宮の創建に向けた動きはこうした状況を一変させていくことになる。神社崇敬と天皇崇敬が一体で、それを神道とよぶことが自然と感じられるようになる。そのことによって、知識人も含めて神社崇敬が活性化されることになる。

第二次大戦後は神道といえば神社を思い浮かべるのが常だが、この時期には神道というとき「国体」と天皇崇敬を考えるのが自然になってくる。もちろん平田篤胤《ひらたあつたね》に連なる復古神道を奉じる者や多くの神職等にとっては、それまでも神道と国体・天皇は結びつくものであったが、広範な社会階層において、その結合が自然なものと受け止められるようになる。

第1章で取り上げた加藤玄智（一八七三―一九六五）は、宗教学の素養に基づいて、大正期にこの方向での議論を押し進めていく。一九一九年に刊行された『我が国体と神道』では次のように論じられている。

此に於て更に進みて、我精神界に於ける神社の位置を考ふるに、若し神社を以て道徳的に考察せば、神社の一面は、偉人英雄の追慕記念てふ道徳心の結晶とも見るを得可し。和気清麿を祀れる護王神社の如き、楠木正成を祀れる湊川神社の如き、近くは乃木大将を祀れる乃木神社の如き、皆此方面より考察するを得可し。而も神社の起原に遡りて之を考ふるに、神社は森林と墳墓との両源泉より流れ出でたるものなるも、今姑く彼の高皇産霊尊が天津神籬《ひもろぎ》天津磐境《いわさか》を以て Fanum となし、以て天孫の将来を祈祷し給ふの聖所は、即ち是れ神社の濫觴なりとせば、神社は必ずしも古英雄の記念物に非ずして、こゝに神を請じて、将来に於ける祈願を為さんとする聖所なり、Fanum とも考ふるを得るものとす。（二三四—二三五ページ）

Fanum はラテン語に由来し「聖所」「礼拝所」の意味で用いられる。加藤の見るところでは、「国体」と「神道」は一体なのだが、それは乃木将軍の殉死によって明確にされたことになる（加藤玄智『神人乃木将軍』菊地屋書店、一九一二年）。加藤玄智はこうした神道理解をもって、一九二一年以降、創設された東京帝国大学神道講座（二二年から神道研究室ともなる）を担っていくことになる。

「大教」が「帝都」に具現

また、戦前の神道界の思想的リーダーの一人だった今泉定助（一八六三—一九四四）は、一九三七年に刊行された論文集『国体精神と教育』（三友社）に収録された「国運発展の教育」で、「日本は神社中心でなければならぬ。神社の内容と国体の内容とは一緒のものである」と述べている（日本大学今泉研究所編『今泉定助先生研究全集　第三巻』日本大学今泉研究所、四九一ページ）。この考えは、すでに大正期には形成されていたもので、一九二一年に発表された「拡充さるべき神道の意義」と題する文章では、「神社神道」や「教派神道」だけを神道とするような「狭義の神道」の捉え方が批判されている。

今日唱へられて居る神道といふものは稍もすると狭義に偏するものがないではないが、之れは神道将来のために遺憾に堪へない次第である。例へば仏教基督教のごとく自国以外の外教を目して一途に邪教なり魔道なりというて排斥するが如きは大に慎むべき短慮といはなければならない。今日吾々がしか考へる所の神道なるものは決して斯る狭い意味の神道ではない。（中略）

然らば吾人の今日いふ所の神道とはそも如何なる意義のものであるか。今之を率直にいへば皇祖皇宗の遺訓、教育勅語にいはれてある斯道に相当するのである。具体的にいへば教育勅語の御精神が即ち我が神道の精神であるのである。此の道は他国に伝はれる道を邪道と目し、自国以外の国は行はれて居る教をとらへて邪教なりといふが如き井蛙の見とは大に異り、天地の公道を基として説かれたる聖訓である。（同前、九六―九七ページ）

一九一二年以降、東京という「帝都」において、神社神道と国体が一体であることが明確な形をとっていく。一八七〇年一月三日（新暦二月三日）に下された宣布大教詔（大教宣布の詔、大教を宣布せしめる詔）に「宜しく治教を明かにして、以て惟神の大道を宣揚すべきなり」とあったが、この「治教」や「惟神の大道《かんながら》」は「皇道」や「神道」と同等の語と理解されていた。一九一二年の明治天皇崩御・明治神宮創建の動き等を経ることにより、それを「神道」とよぶことがふつうになり、そこには一体である「神社神道と国体」が含まれるものと理解されるようになっていく。やがて、加藤玄智はこれを「国家的神道」とよぶようになる（『日本人の国体信念』文録社、一九三三年。『神道の再認識』章華社、一九三五年、など。詳細は、新田均『近代政教関係の基礎的研究』大明堂、一九九七年、第九章、参照）。戦後の村上重良らによる「国家神道」にあたるものは、一八七〇年の「大教宣布の詔」によって基礎が置かれていたが、一九一二年の明治天皇崩御・明治神宮創建を経て、加藤や今泉のような神道学・神道論の指導者たちによって「神道」の中核をなすものとして実質的に用いられるようになっていく。

社会的地位が高い層の神社参拝

平山の論に戻ろう。平山は大正年代に神社神道のプレゼンスが増していくとし、一九一四年の昭憲皇太后の大喪や一九一五年の大正大礼（即位式・大嘗祭）における神道式儀式の詳細報道をあげ、さらに北海道小樽の住吉神社の参拝者の急速な増大を例示している（第13章）。平山は続いて、このような神社神道のプレゼンスの増大は、とりわけ「上中流」階層が神社参拝に対して積極的な態度をとるようになったことと関わりがあるとする。

このような変化は北海道だけに限ったことではなかった。たとえば兵庫県の西宮神社では、大正大礼が行われる予定となっていた大正三年の初詣が「今秋大嘗会執行スベキ祝意ヲモ兼ネタル年賀ナレバ一入《ひとしお》活気アリゲニ見エ」る賑わいとなったが、単に人手が増加しただけではなく、「昨年ノ元旦トハ全ク趣ヲ殊《ママ》ニシ、上中流一般紳縉《しんしん》モ参拝」するようになったという変化が神社関係者の目をひいた。この神社では、初詣だけではなく紀元節の際にも「洋服連中ノ賽者《さいしゃ》多シ」といった明治期には見られなかった境内風景が記されるようになる。（『初詣の社会史』、一二六―一二七ページ）

これは「下層民の迷信行為として知識人から蔑視されがちであった神社参拝に対するイメージが好転」（同、一二七ページ）していったことの現われだと平山は論じている。続いて、平山は「上中流一般紳縉《しんしん》」の神社参拝増大の顕著な例は、「国家の宗祀」の頂点だった伊勢神宮だという。そして、「大正に入ると伊勢神宮へ初詣をしに行く「名士」たちのことがしばしば新聞や雑誌で報じられるようにもなる」として、『東京日日新聞』一九一九年一月三日号の「伊勢へ伊勢へ記録破りの大廟参拝者」という記事を紹介している。

新春の伊勢大廟参拝者は年々幾分の増加を示しつゝあるが本年は平和第一春のこととて特に其数を増した。（中略）花村東京駅助役は「距離の関係もあるのか例年関西筋よりの参拝が多いが本年は関東筋からの参拝が増し而も名士の顔も大分多く見受けるやうになつたことは喜ばしい現象である」と語ってゐた。（『初詣の社会史』、一二八ページ）

国家神道の国民への浸透の経過

やがて、東京から名士たちが正月に伊勢神宮に参拝することが恒例のようになり、東京高商教授から大阪市助役へ転じ、一九二三年に大阪市長となった関一《はじめ》の日記（関一研究会編『関一日記』東京大学出版会、一九八六年、大正一四年一二月三〇日条）には、年末の東海道線の列車内では「代議士諸君ノ帰郷ヤ東京紳士達ノ伊勢参拝ニ乗客頗ル多ク　車中大ニ賑フ」と記されるような事態に展開していった（『初詣の社会史』、一二九ページ）。

富裕層・高学歴層の神社参拝の増加の背後には、小学校の学校行事における神社参拝や修学旅行があり、天皇の代替わりや皇族の死の際の神道行事があり、また、戦争等の際の靖国神社・招魂社等の祭祀や参拝があり、広く中下層を含めた人々が「国体」と一体と見なされる神社に参詣するようになるという変化があった。国家神道のこうした庶民への普及定着過程は、教育勅語渙発以来のことである。だが、平山の理解に従えば、一九一二年あたりを転機に、国家神道が「帝都」と「上中流」へとそのプレゼンスを大きく拡張させるという変化が生じたのである。

第23章　神聖天皇に近づいていく学者・著述家ら

大川周明の思想的転回

後に皇道論、あるいは神権的国体論の高唱・普及の牽引者となる学者や著述家の多くが、明治時代から大正時代への転換期に、神聖天皇を軸とする思想的立場へと歩みを進めている。

大塚健洋『大川周明――ある復古革新主義者の思想』（中央公論社、一九九五年）は、「日本史研究」に取り組んだ時期の大川周明（一八八六―一九五七）を取り上げ、「大川周明の日本回帰は、明治の終焉に対する一つの精神的反応であった」と述べている（五八ページ）。一九一三年六月、大川は『満州日日新聞』の記者、榊原政雄に送った手紙に、「日本史の研究は昨年の春より相始め候が、これは私の思想に非常なる影響を及ぼし申候、殊に昨夏明治天皇遽《あわただ》しく神去り給ひ、次で乃木将軍夫妻御跡《みあと》を慕ひまつれる一大事の出来《しゅったい》は物心つきて此かた曾て知らざりし複雑なる精神生活の動揺を惹起され、益々私をして大和民族の史的研究に没頭せしめ申候」（五九ページ）と記した。そして、「私は今や自分に取りて最も神聖なるものは大和魂、最も神聖なる仕事は大和魂の発展長養に外ならずと信ずるやうに相成り候」（六〇ページ）とも述べている。

榊原政雄は五高時代の大川の先輩で、大川を松村介石の「日本教会」に紹介した人物である（加藤正夫『宗教改革者・松村介石の思想——東西思想の融合を図る』近代文芸社、一九九六年、一六九ページ）。松村介石（一八五九—一九三九）はキリスト教から次第に天皇崇敬を軸とする国粋主義的な立場に転換していく。一九一二年に「日本教会」を「道会」と改めたが、大川はその主要メンバーの一人で、機関誌『道』には一九一〇年以降、毎号寄稿するようになった。しかし、次第に弟子であった大川が松村に強い影響を及ぼしていくようになる。松村は一九一三年に『道』の編集を大川に任せ、欧米諸国の見学へと旅立った。そして一九一五年に帰国し、すぐに伊勢神宮に参拝する。

大川周明（国立国会図書館「近代日本人の肖像」より）

加藤正夫は松村のその後の講演で「吾輩は今回の西遊によりて、何等新しいものを得たとは思わぬ。唯だ非常なる確信を与えられて来た一事がある。それは吾国が最早無批判な西洋文明輸入の時代を脱して、独特の文明を創設すべきときとなったということである」と述べたことに注目している。松村はまた、「君国のために生命を軽んずる一点においては、日本人こそ世界無比の国民である。自余の種々なる点において英国に及ばぬ所もあろうが、忠勇義烈の点においては、我れ断じて彼の上に在る」とも語っている（一八四ページ）。

上杉慎吉の思想的転回

一九一二年から一三年にかけて、天皇機関説を掲げる美濃部達吉に論争を挑み、天皇主権説の主唱者として一九二〇年に東京帝国大学法学部の憲法講座を担うようになる上杉慎吉（一八七八—一九二九）はどうか。上杉は一九〇六年から一九〇九年にかけてドイツに留学し、帰国後それまでは抑え気味であった天皇崇敬の立場を強力に提示するようになった。一九一九年刊行の『憲政大意』において、以下のように述べている（新田均『近代政教関係の基礎的研究』大明堂、一九九七年、二三二ページ）。

明治四十二年夏帰朝シタル予ハ、別人トシテ先生（穂積八束）ニ見ミヘタリ。西遊研学ノ間、予ハ深ク我国体ノ万国無比ナルヲ感シ、建国ノ基礎世界ニ倫ナク国史ノ発展又全ク異ナルノ日本ニ在リテハ、国家ノ基礎法タル憲法ノ本質自ラ異ナルモノナカルヘカラスト為シ、帝国国体ノ明確ナル認識ト鞏固《きょうこ》ナル尊皇ノ信念トハ日本憲法研究ノ根本骨子タルヘシトスルノ、動カスヘカラサル確信ヲ懐抱スルニ至レリ。（『憲政大意』八頁）

この変化の実質について新田は、次の三点にまとめられるとしている（二三二ページ）。

一　実利的国家観から道徳的国家観へ。

二　近代西洋の国家理論の普遍妥当性を前提として日本国家や天皇を説明しようとする姿勢から、西洋と日本とは本質的に異なった国家であるという認識へ。さらに、西洋よりも日本の方が優れているとする主張へ。

三　形而下的天皇観から形而上的天皇観へ。

一九一三年一月に『国家学会雑誌』に発表された、「皇道概説＝古神道大義ヲ読ム」で、上杉は筧《かけい》克彦《かつひこ》を批判しながら「皇道論」を主張し、「現人神」への信仰を説くようになる（前川理子『近代日本の宗教論と国家――宗教学の思想と国民教育の交錯』東京大学出版会、二〇一五年、第四章）。

上杉はこの信仰に、「天皇道」略して「皇道」の呼称をあたえた。無限絶対の精神は祖宗から伝えられたものではあるが「今現ニ活躍スル大精神ノ中心ハ、現人神タル今上天皇陛下ニマシマ」し、仰ぎまつる直接の対象も「今上天皇陛下ニマシマシ、天皇ノ御意志御認定ヲ一ト筋ニ道ナリトスル道」であるゆえに、この道は「惟神道」とか「神道」あるいは「古道」ではなく、「天皇道（皇道）」と称すべきとされた。（三二〇ページ）

上杉慎吉（パブリックドメイン）

もっとも、この変化をあまり過大に見るべきではなく、すでに留学以前から師の穂積八束とともに強く国体の神聖性を信じていたことも記憶しておくべきことである（井田輝敏『上杉慎吉――天皇制国家の弁証』三嶺書房、一九八九年）。とはいえ、上杉が「鞏固ナル尊皇ノ信念」を日本憲法研究の根本骨子として打ち出すようになったのは、美濃部との論争の時期、すなわち一九一二―一三年頃であることは確かである。

三井甲之と蓑田胸喜

次に大川周明と同様、後に大きな影響を及ぼすようになる少し若い世代の、もう一組の著述家たちを取り上げる。彼らも日露戦争の終結から明治天皇の死、そして乃木希典夫妻の殉死に至る時期に大きな思想的転回を経験した者が少なくない。平泉澄《きよし》が大逆事件に強い刺激を受けて、学校で国家神道的な行動に出たことについては第19章で述べた。ここでは、天皇機関説の排撃に始まる国体明徴運動の口火を切った蓑田胸喜《みのだむねき》（一八九四―一九四六）を先導し、ともに『原理日本』（一九二五年頃創刊）を担った三井甲之《こうし》（一八八三―一九五三）について述べよう（竹内洋・佐藤卓己編『日本主義的教養の時代――大学批判の古層』柏書房、二〇〇六年、中島岳志『親鸞と日本主義』新潮社、二〇一七年）。

東京帝国大学文学部を卒業し、文芸の道を歩いていた三井だが、一九〇〇年代には親鸞の信仰に共鳴を深めるとともに、陸羯南《くがかつなん》の『日本』に投稿するなどして民族主義の傾向を強め、やがて「祖国日本の無窮の生命」を信仰の対象とするようになる。その転機となったのが、明治天皇の死だった。一九一八年一月一日の『日本及日本人』（三宅雪嶺主宰）に三井は「祖国礼拝」と題された詩を寄せている。

ともよ、はらからよ、／さきのみかどのかむあがりましましとき／暗やみにわれらまどへりき／そのやみのなかに一すぢの／光は無限の時を貫き／さまよへる／此の世を／すぶべき原理は『日本』なりき。

一九一二年の明治天皇逝去の衝撃を受けて、「祖国日本」を信仰の対象とするようになった三井は、一九一六年一〇月の「阿弥陀仏から祖国日本へ」（『日本評論』）という文章を次のように結んでいる。

われらは文化民族たらむがため、歴史を有せむがため、精神生活を有せむがために祖国日本の無窮の生命を信ぜねばならぬ。此の信の破壊せらるゝ時はわれらの生の停止したる時である。無窮の生命の開展は理知を超え思議を超え言説を超えたる最終の原理である。祖国のためめに！われらの道徳宗教的生活の指導的標語たらしめよ。祖国のためには勇猛に精進せよ、顧慮せず打算せざれ、確信を表白して大胆に実行せよ、何となればそれは唯一生命のための最後の至上命令なるが故に。（中島『親鸞と日本主義』、五〇ページ）

原理日本社の攻撃的日本主義

片山杜秀《もりひで》「写生・随順・拝誦――三井甲之の思想圏」（竹内・佐藤『日本主義的教養の時代――

『原理日本』創刊号の表紙（パブリックドメイン）

大学批判の古層』所収）は、一九〇八年に創刊された短歌雑誌『アカネ』から、一段と政治色を強めた一九一二年の『人生と表現』に改名されるなかで、「あるがままの表現」という考え方が引き継がれ、やがて『原理日本』の攻撃的な日本主義的天皇崇敬に至ると見ている（一〇一―一〇二ページ）。

日本の神道といひ随神道惟神道といふのは『言挙げせぬ神ながらの道』で、別段に教義信条といふべき理論体系を有するのでは無く、実生活の要求のままにあるがままの事実、即ちマコトをそのままコトバとして言ひ現はすといふことにきまつて居るのであります。このありのまま言挙せず、タダそのままのがタダシイ正しいのであります。（三井甲之『しきしまのみち原論』原理日本社、一九三四年、二八ページ）

そして、片山は一九二五年の『原理日本』創刊号に掲げられた原理日本社の「綱領」を引いている（一〇九ページ）。

こゝにわれらは旧来の神仏といふ如き実体概念に固執する東西の神話・神学的宗教、その近代的変形としての旧式形而上学乃至冥想先験理智主義哲学、またそれらに脈をひくところの地上天国を夢想する喜劇的人生観を以てして、凶暴残忍の過激突発革命を宣伝実行せんとする「現世利益宗教の最後の余効」たる無政府・共産主義、其他の空漠世界・人道・国際・平和主義、また一般思想態度としての個人主義、それを基礎とする限り資本主義・党派主義、名目だけの偽善的国家主義乃至至《ママ》外来思想に原理を仰ぐ日本主義等をも含めて、凡そ日本国民の思想的素質とその綜合生成的伝統生命の無極開展を、即ち「原理日本」を信ぜず認めざる内外一切の思想運動に対して不断連続の永久思想戦を宣言する。

この『原理日本』の攻撃的な日本主義によって、一九三一年、京都帝国大学教授、滝川幸辰《ゆきとし》が文部大臣の求めによって休職に追い込まれる滝川事件や、一九三五年、天皇機関説の主唱者であり、当時は貴族院議員であった美濃部達吉が議員辞職に追い込まれ、政府に国体明徴声明を発表させる天皇機関説事件が引き起こされていく。

「在野神道（諸流）」

三井甲之や蓑田胸喜らの『原理日本』は、葦津珍彦が『国家神道とは何だったのか』（神社新報社、一九八七年、新版、二〇〇六年）で、「在野神道（諸流）」（新版、一一、一六八ページ）とよぶもののうち、政治的に大きな力を発揮したものの一つである。「在野」とはいっても知識人のサークルがもととなったものであり、たとえば大本教のような多くの信徒や支持者をもった在野の宗教集団や大衆運動の集団とは異なる。

以上、日露戦争後から乃木殉死の時期に、大川周明、松村介石、上杉慎吉、平泉澄、三井甲之らが宗教的な天皇崇敬に目覚めていった経緯を述べてきた。すでに第1章で言及している加藤玄智（一八七三―一九六五）もそこに加えてよい。他方、政府・文部省や軍部・内務省・司法省などでも、この時期に神聖天皇鼓吹、国家神道拡充の方向で、国民の思想を導く動きが強化されていく。国民道徳論の展開はそのよい例である。

第24章　宗教運動が神聖天皇崇敬を増幅する

田中智学と国柱会

ここまで、日露戦争から乃木殉死に至る時期に、社会のさまざまな局面で神聖天皇崇敬が一段と強化されていった経緯を見てきた。これは大衆宗教運動も同様だ。最後にこの時期の宗教運動の動向を確認にして、戦時期へと至る過程を展望しておきたい。

この時期に急速に神聖天皇崇敬へ、また神権的国体論の方へ転換していき、その後、たいへん大きな政治的社会的影響を及ぼすようになる宗教集団が存在する。まず注目すべきは、日蓮主義の法華信仰団体、国柱会の創始者、田中智学《たなかちがく》（一八六一―一九三九）である（大谷栄一『近代日本の日蓮主義運動』法藏館、二〇〇一年）。

田中智学は在家の法華講の篤信者だった父の影響を受け、両親の死後、一〇歳で日蓮宗内に入った。しかし、当時の宗門のあり方に失望して還俗し、一八八〇（明治一三）年に蓮華会を設立して、在家の日蓮仏教運動に取り組み、「日蓮主義」を掲げるようになる。その後、一八八四年

大正３年11月３日国柱会創始の様子（田中香浦監修『国柱会百年史』、1984年より）

に立正安国会、一九一四年に国柱会を設立し、執筆や講演活動を続ける。

智学は当初は神聖天皇や国家神道に近づく様子はなかった。一九〇一年に書いた『宗門の維新』は日蓮宗を改革して仏教界を革新し、日本を発展させ、世界中に日蓮宗を広めていくという構想を述べたものだ。もっぱら日蓮仏教による世界制覇を説いたもので、そこに天皇は出て来ない。しかし、一九〇三年一一月に「皇宗の建国と本化の大教」、一九〇四年に「世界統一の天業」という講演を行い、これらにおいて日蓮主義的国体論を提起している。

そこでは、『日本書紀』を引いて、神武天皇の即位の際に宣言した理念として、「積慶」（道義仁愛を以て人を憐れみ恵むこと）、「重暉」（智慧の光を尊び世を照らすこと）、「養正」（正義を養い護り実行すること）などの語に注目し、「これが神武天皇の日本建国の三つの道義的理想（のちの建国三綱）であり日本国体の中身でもあることや、これを実行することによって世界統一を推し進めることが日本国家の「天業」であることなどを主張した」（西山茂『近現代日本の法華運動』春秋社、二〇一六年、一八ページ）。

智学の日蓮主義的国体論

この段階の智学の国体論は、まだ形成途上のものだ。智学が「国体学」の語を用い始めたのは一九一一（明治四四）年である。智学の「国体学」の本格的な論考は、一九二一年以降に機関紙『天業民報』に連載された「日本国体の研究」で、一九二二年にその題の書物として天業民報社から刊行されている。この書物では、まず最初に神武天皇の三綱と日蓮仏教の三大秘法（『三大秘法抄』に記された、本門の本尊・本門の題目・本門の戒壇）の契応関係（法国関係）を論じている（同前、一八ページ）。正統的な国体論とはだいぶ異質で、日蓮の救済思想が基盤にあり、儒教的な徳治論の影響も濃いものである。智学はまた、一九一三年に神武天皇紀の語「八紘為宇」を用いて「八紘一宇（世界は一軒の家）」という理念を打ち出したが、この語は朝鮮・満州・中国へと攻撃的な政策を押し進める軍国主義を後押しする語となった。

一九三一年に満州鉄道爆破の謀略事件（柳条湖事件）をきっかけに満州事変を起こし、満州国建設を指揮した関東軍参謀の石原莞爾は、大正時代から国柱会の熱心な会員だった。また、智学の影響を受けつつ、より神道色・皇道色の強い国体論も早くから説かれた。一九一一年に刊行された清水梁山（一八六四―一九二八）の『日本の国体と日蓮聖人――一名、王仏一乗論』（慈龍窟）には、「我国の人として天皇を崇めざらむには何《いか》に仏法を行ずとも未来の成仏はあるべからず」という叙述もある（同前、二二三ページ）。

田中智学の影響を受けた右翼運動家や活動家は多い。一九三二年の血盟団事件を起こす井上日召は禅の影響とともに田中智学の日蓮主義の影響を受けていたし、一九三六年に北一輝の協力者として二・二六事件を起こす西田税《みつぎ》は、若い頃、日蓮主義と大本教（正式な呼称は「大本」「皇道大本」）の双方に惹かれていた（拙稿「国家神道とメシアニズム――「天皇の神格化」からみた大本教」安丸良夫他編『岩波講座　天皇と王権を考える4　宗教と権威』岩波書店、二〇〇二年）。

出口王仁三郎と大本教

二・二六事件を起こした皇道派の陸軍若手将校と同世代の軍人達が軍部独裁の方向を作っていくが、彼らが掲げた「昭和維新」は実は、出口王仁三郎が唱えた「大正維新」の影響を受けていた。その大本教の出口王仁三郎は京都府亀岡に近い穴太《あなお》の農家の生まれで、本名は上田喜三郎である。満二九歳の一八九八年に出口なお（一八三七―一九一八）と出会い、なおの信仰集団に加わり、やがてなおの娘のすみと結婚し、出口王仁三郎と名のった。なおと王仁三郎はともに大本教を育てていくが、なおの生涯の記録からは天皇崇敬をうかがわせるものは見当たらない。神がかりして「艮《うしとら》の金神《こんじん》」を感得した彼女が理解する日本の神話は、天照大神以前の神々に権威を与えようとするものだった。原初の神であるクニトコタチノミコト（国常立尊＝艮の金神）、そしてスサノオやオオクニヌシの系譜の出雲系、国津神《くにつかみ》系統の神の系譜を引く宗教だった。日露戦争の頃までの王仁三郎もなおの救済思想の枠内で、独自の救いの論理を探っていた（安丸良夫「出口王仁三郎の思想」『日本ナショナリズムの前夜』朝日新聞出版、一九七七年、拙稿「悪に向き合う宗教」島薗編『思想の身体　悪の巻』春秋社、二〇〇六年）。

出口なおに接して従うようになった信徒が多かった明治時代末の段階の大本教は、京都府の綾部を中心とした小さな地域的な団体に留まっていた。ところが、王仁三郎は出口なおの周りの信徒たちと対立し、彼らの素朴なやり方では発展性がない、また、内務省、文部省等からの抑圧も避けられないと考え、一九〇六年に京都の皇典講究所分所に入る（現在の学校法人京都皇典講究所京都國學院）。拙著『国家神道と日本人』（岩波書店、二〇一〇年）でも述べたが、皇典講究所は一八八二年に設立された神職養成所で、その上位機関が國學院（一八九〇年設立）である。皇學館と並ぶ国家神道の教育機関である。一八八五年に設立された京都の皇典講究所分所で、王仁三郎は皇道論をしっかり身につけ、一九〇七年には明治維新後に国家が創建した、織田信長を祀る建《たけ》勲《いさお》神社（通称、けんくんじんじゃ）の神職も務めた。

皇道大本と「大正維新について」

一九〇八年から大日本修斎会を名のっていた教団は、一九一二年に「皇道大本信条」を公表し、その後、大正初期に急速に教勢を伸ばし、一九一六年には皇道大本に改称した。「皇道」を名乗った宗教教団として早く、また際立った発展例である。王仁三郎は一九一七年に「大正維新について」という文章を発表している。

　皇道大本の目的は、世界大家族制度の実施実行である。畏くも天下統治の天職を惟神に具有し給う、天津《あまつ》日《ひ》嗣《つぎ》天皇《すめらみこと》の御稜威《みいづ》に依り奉るのである。先ず我国に其国家家族制度を実施し、以て其好成績を世界万国に示して其範を垂れ、治国安民の経綸を普及して地球を統一し、万世一系の国体の精華と皇基を発揚し、世界各国咸《みな》其徳を一にするが皇道大本の根本目的であって、大正維新・神政復古の方針である。（安丸良夫編『出口王仁三郎著作集』第二巻、一九七三年、一五五ページ）。

「経綸」という語を頻繁に用い、国家や世界の政治的運命が神の意志に基づき展開していくという神的歴史（救済史）の観念を展開している。『古事記』こそ「世界経綸」の根本聖典だとし、ニニギノミコト（瓊々杵尊）以来、一八〇万年にわたって「世界の文明開発して、天下統治の神権を行使すべき時運の到来を待」っていたという。「実に世界統一の神権は、万世一系・天壌無窮に享有し給うのである」とも述べており、神聖天皇による世界救済を信じているかのようである。

大正前期の出口王仁三郎は、このように皇道論を前面に押し出し、神聖天皇のもとでの世直しを説くことで、大本を正統的な神権的国体論に引き寄せていた。にもかかわらず、皇道大本は一九二一年に弾圧される。王仁三郎こそが救世主だとの信仰を疑われたのだ。たとえば、一九一六年に入信した東京帝大卒の英文学者、浅野和三郎は『大正維新の真相』（大日本修斎会、一九一九年）で、王仁三郎の居る綾部こそが神都であり、世界救済の中心地だと説いていた。

綾部は事々物々悉く神界の中央政府から直接神勅を仰ぎ、之に拠りて世界一切の問題を解決し、実行する『神の高天原』である。綾部を預言でもする所だと思ふと甚だしき勘違ひだ。預言ではなくて実言だ。世界の事は、総て爰で決議され、又爰で遂行さるゝのである。遂行に先立ちて、神界の決議計画の一部が予め警告的に人間界に発表さるゝ事もあるが、それは神界としては寧ろ臨機の手段である。神界は飽まで沈黙の裡にグイ〳〵実行に掛られる。

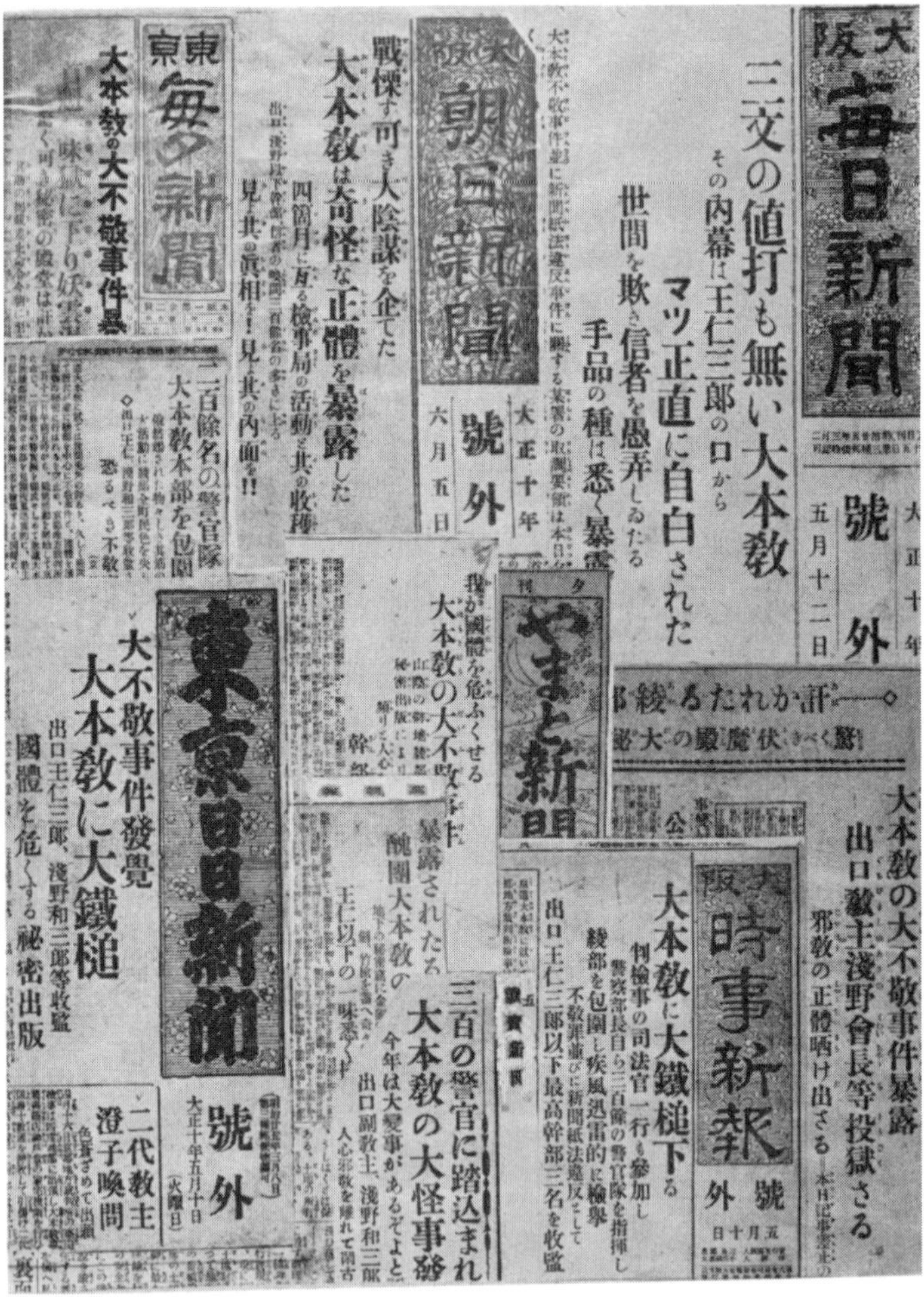

大阪毎日新聞

大正十年五月十二日 號外

二文の値打も無い大本教

その内幕は王仁三郎の口から

マツ正直に自白された

世間を欺き信者を愚弄しゐたる

手品の種は悉く暴露

大阪朝日新聞

大正十年六月五日 號外

戰慄す可き大陰謀を企てた

大本教は奇怪な正體を暴露した

四箇月に亙る檢事局の活動と其の收穫

見よ其の眞相を！見よ其の内面を!!

東京毎夕新聞

大本教の大不敬事件

二百餘名の警官隊

大本教本部を包圍

東京日日新聞

大正十年五月十日（火曜日） 號外

大不敬事件發覺

大本教に大鐵槌

出口王仁三郎、淺野和三郎等收監

國體を危くする秘密出版

二代教主

澄子喚問

我が國體を危ふくせる

大本教の大不敬

暴露されたる

醜團大本教の

三百の警官に踏込まれ

大本教の大怪事

今年は大變事があるぞよと

出口副教主 淺野和三郎

やまと新聞

許かれたる綾部

驚くべき大魔殿の伏

大阪時事新報

五月十日 號外

大本教に大鐵槌下る

判檢事の司法官一行も參加し

警察部長自ら三百餘の警官隊を指揮し

綾部を包圍し疾風迅雷的に檢擧

不敬罪並びに新聞紙法違反として

出口王仁三郎以下最高幹部三名を收監

大本教の大不敬事件暴露

出口教主淺野會長等投獄さる

邪教の正體晒け出さる

第一次大本事件を伝え一斉に糾弾する新聞記事（大本七十年史編纂会編『大本七十年史　上』、1964 年より）

二度の弾圧事件と皇道論の力の増大

こうして平沼騏一郎検事総長の指揮による第一次大本事件が起こる。しかし、王仁三郎が率いる大本教団はこの第一次大本事件もうまくすり抜けるようにして勢力を回復し、一九二八年には弥勒祭を行っている。これは救世主である世直しの弥勒仏の祭典で、王仁三郎は「自分こそ弥勒の化身だ」とほのめかしたことになる。その一方で、一九三三年には事件後、大本と改めていた教団名を再び皇道大本とし、天皇こそ世界を救うと示唆する「皇道」をも説いたのだ。

大本はこの間にさらに急成長を遂げ、大教団に発展する。一九三一年には右翼の活動家、内田良平らと組んで、昭和青年会という右派民間団体を作っていたが、一九三四年に昭和神聖会となる。綱領に「皇道の本義に基き祭政一致の確立を期す」等と掲げるもので、会員は八〇〇万人いたとされる。このように神聖天皇による日本の発展、そして皇道日本による世界救済を願う若者たちが集う時代となる。そのような気運を引き寄せるのに、国柱会や大本教は大きな役割を果したのだ。

一九三五年に治安維持法によって王仁三郎ら一千名近くが検挙され、本部施設が破壊されるなど、徹底的な弾圧を被ることになる。これが第二次大本事件だ。クーデター未遂の二・二六事件（一九三六年）と宗教団体弾圧の第二次大本事件は性格がだいぶ異なるが、どちらも宗教性を帯び、神聖天皇を掲げていながら、実は反体制運動の要素をもった勢力が厳しく取り締まられることになった。そして、それは体制自身がますます皇道色を強めるのと裏腹だった。

第二次大本事件で破壊された亀岡天恩郷（大本七十年史編纂会編『大本七十年史　下』、1967 年より）

国柱会と大本教は、それぞれ「国体」「皇道」を掲げる宗教運動が、大きな政治的影響力をもったものだ。全体主義化が進む時期に天皇崇敬を掲げる下からの運動を展開し、政府を脅かした集団だ。その両者がともに、日露戦争から乃木殉死に至る時期に、「国体」や「皇道」の方向に大きく舵を切ったのは偶然ではないだろう。

エピローグ

皇道と神道の間

戦前の神道界の思想的リーダーの一人、今泉定助(一八六三―一九四四)は第22章でも引き合いに出したが、ここでもう一度、登場してもらおう。今泉は「日本は神社中心でなければならぬ。神社の内容と国体の内容とは一緒のものである」と述べている(日本大学今泉研究所編『今泉定助研究全集　第三巻』日本大学今泉研究所、一九七〇年、四九一ページ)。これは一九三七年に刊行された今泉の論文集『国体精神と教育』(三友社)に収録された「国運発展の教育」の一節だ。

また、一九四二年から四三年にかけて連載された『神道の歴史と将来』では、神道を三つの様態に分け、教派神道(宗教神道、宗派神道)以外の神道の二つの様態、すなわち「神社」と「皇祖皇宗の遺訓」が統合的なものであることを前提に、次のように述べている。

それで神道を説きますにも、大要三通りの別があります。今申しました宗教神道の方から説きますもの、これが一つ、又神社神道とでも申すべき神社を中心にして神道を説きますもの、これが一つ、それから神道といふ字を使ひますけれども、いわゆる国民道徳、教育勅語を主として説きます神道の三つであります。

要するに神道といふことは前にも申しました通り皇祖皇宗の遺訓でありますから教育勅語で尽してあります。これを出世間の道のように思ふは大きな間違でありまして、日常の行事皆神道ならざるはないのであります。（同前、六一二ページ）

ここで「宗教神道」（教派神道）と区別されて用いられている二つの「神道」と、同時期に今泉が盛んに用いた「皇道」とよばれるものは意味の違いがほとんどない。たとえば、一九三四年の「皇道の真髄」ではこう述べられている。

従来皇道と云ったり、神道と云ったり、乃至我が国体などと云へば世間知らずの時代遅れと嗤はれてゐたが、近来は盛に皇道とか、神道とか、国民精神とか、日本精神とか、ないしは我が大日本帝国の建国の精神などと呼ばれるを聞くに至った。是は誠に嬉ばしい現象である。（同前、一八三ページ）

「神道」というときに狭く神社神道を指すのではなく、神社神道を包含しつつも明治初期に「皇道」とよばれたような側面を主体として広く捉える今泉の立場は、すでに一九二一年に公表された「拡充さるべき神道の意義」で明確に示されている。第22章でも引いたその箇所をもう一度、引いておく。

然らば吾人の今日いふ所の神道とはそも如何なる意義のものであるか。今之を率直にいへば皇祖皇宗の遺訓、教育勅語にいはれてある斯道に相当するのである。具体的にいへば教育勅語の御精神が即ち我が神道の精神であるのである。（同前、九七ページ）

皇道と神道の一体性

このような「神道」の用法は一九二一年当時としてはまだ一般化していなかった。だから、この一節を含む文章は「拡充さるべき神道の意義」とよばれている。だが、ここで用いられているような「神道」は、明治維新以後、「皇道」と「神道」の双方の語が補いあいつつ用いられることによって、すでに実在が強く意識されてきたものである。だから、「拡充さるべき神道の意義」の「解題」を執筆した高橋昊は、「今泉先生は……自らは明治以来の国家神道的立場に立って、神道の意義を教育勅語にいう「斯ノ道」に外ならぬものとして立て」たのだ（同前、八ページ）と述べている。「国家神道」という語にあたるものを、今泉やその共鳴者は「皇道」「神道」「斯道」などの語で意識的に名指してきたと捉えられている。

今泉のような神道界の有力者や学者・著述家が「拡充さるべき神道の意義」を「国家神道」という語で用いる例は、戦前でも加藤玄智（一八七三—一九六五）だけではなかった。加藤とともに東京帝国大学の神道学講座を担った宮地直一（一八八六—一九四九）は一九三八年に刊行された『神社綱要』（東洋図書）でこう述べている。

民衆の生活との交渉といふ問題より更に一歩を進めると、国家生活との関係、言ひ換ふれば我が国家を対象として、神道思想が如何に働いたかといふ国史の根幹たる方面の研究に移る。謂はば国家理念に帰する主要なる問題となる。民間神道なる語に対して国家又は国体神道なる語が用ひ得らるゝものとせば、こゝに言はうとするところは、正しく後者の場合にかゝり、国家に即し、国家の発達に密接不離の関係を保持しつゝ進展し来つた経過である。本書に於ては当面の必要に応ぜんがために、主として国家神道に就き、歴史的に考察を遂ぐることによつて神社の如何なるものなるかを見て行かうと思う。（三六ページ）

今泉が「斯道＝神道」といい、宮地や高橋が「国家神道」「国体神道」とよんだものと、戦後に村上重良が「国家神道」とよんだものはほぼ重なり合う。「神社神道」だけではなく、皇室祭祀や神権的国体論を含んだ広義の「国家神道」である。

戦前の神道論と戦後の国家神道論の連続性

ここで、神道界の著述家によるもう一つの著作、神崎一作《かんざきいっさく》（一八六七―一九三八）『神道六十年史要』（宣揚社、一九三四年）を見てみよう。その六「神道の復興」は明治維新が神道復興であることを述べた章だが、こう書き始められている。

神道の復興とは古神道の純真性に立ち還るべく、その精神が興隆したことを意味する。抑も徳川幕府文運隆盛の結果、史学・文学の研究にも、遠く我が古代を回顧せしめ、而してこれと共に、復古思想の暗流が漸次横溢し、それが社会に流布せられたのであったが、その潮流に三つがあつた。その一は水戸の修史事業であつて、これが為めに我が国体観念は明瞭となつた。第二は僧契沖・下河辺《しもこうべ》長流《ちょうりゅう》等の開拓した古文辞の研究で、我が国民精神が印度・支那等から渡来した宗教や、文学の外に我が国固有の文学が儼乎《げんこ》として存在して居ることが知られた。第三は国学派四大人の古道の研究で、儒仏に禍せられたその関係が判明すると共に、古神道の真価が認められ、その光明が発揮せらるゝことゝなつた。この三大潮流が澎湃《ほうはい》として海内に瀰漫《びまん》し、それが社会の表面に動いて鎖国攘夷尊王倒幕の政治運動となり、更に進展して明治維新の大革命となつた。この復古の大精神が標榜せられて第一着に建てられたのが、大宝令の制度に基く神祇官であつて、神道が劈頭に表現せられたことは、寔《まこと》に当然の帰趨であつた。（三七―三八ページ）

明治維新は「神道の復興」であった。そして、そのことを記しづける施策として、まず神祇官の復興がある。一九六八（慶応四）年旧暦三月一三日に「祭政一致の制に復し、天下の諸神社を神祇官に所属せしむべき件」という布告が出されている。「此度　王政復古神武創業ノ始ニ被為基、諸事御一新・祭政一致之御制度ニ御回復被遊候ニ付テハ、先第一、神祇官再興御造立ノ上、追々諸祭奠モ可被為興儀被仰出候（以下略）」というものだ。この布告を引いて、神崎は以下のように論述を進めていく。

この文中に見えた神武創業の始に基かせられたと云ひ、祭政一致の御制度と云ひ、神祇官御再興御造立の上諸祭典も興さる可しと云ひ（中略）、歴史の回顧、国民思想の覚醒、神道信念の復興が明に知られるのであつて、この維新の大事業は啻《ただ》に政治の改変社会の革新等表面に現れた制度文物に関する其れのみではなく、その裏面に於ては、精神運動が大原因をなして居り、然もその根柢が、日本民族固有の宗教的信念であつて、総べてはその現れであることを明確に知悉しなければならない。（中略）畢竟明治維新は精神運動に目覚めた神道維新と謂ふべきであり、神道維新は取りも直さず、我が民族固有の信仰に根ざした国教維新と謂ふべきものであつた。（三八―三九ページ）

ここで、神崎が用いている「神武創業」とか「祭政一致」の語は、国体や天皇崇敬と不可分の語彙群に属することは言うまでもない。この書物では天皇をしばしば「至尊」と呼称している。「我が国体との関係に於て、祭政一致は古代に於て行はれたことであり、又其れは主として、至尊が行はれたこと」（二〇一ページ）とあるとおりである。神崎もまた「国体神道」という語を用いている（二二二ページ）。「神社」や「教派」「宗派」というような特定集団に限定されず、天皇崇敬や国体論にこそ近代の神道の中核的な要素があることを示そうとする用語である。

皇道と神道の重なり合い

「明治以来の国家神道」がどのように形成されていったかについて、筆者は『国家神道と日本人』（二〇一〇年）や二〇〇一年以来公表してきたいくつかの論文で考察を進めてきている（拙稿「一九世紀日本の宗教構造の変容」島薗進他編『岩波講座近代日本の文化史2　コスモロジーの「近

世」』岩波書店、二〇〇一年、同「国家神道・国体思想・天皇崇敬——皇道・皇学と近代日本の宗教状況」『現代思想』第三五巻第一〇号、二〇〇七年、同『国家神道と日本人』岩波書店、二〇一〇年）。

その論旨の一つは、今泉のいう「斯道＝神道」「皇道」としての神道、宮地や高橋のいう「国家神道」、神崎一作のいう「国体神道」が、近代日本の宗教史上、巨大な影響力をもったということである。また、それが神聖天皇への崇敬の国民への広まりと深く関わっていたということである。

今泉定助は一九二〇年頃には、すでにそのような意味での「神道」をさらに国民に広めようとする意欲を表明していた。実はこうした皇道と神道を一体化して用いる用法は、明治の初期の公的文書ですでに現れている。

一八六九年一月三日の「大教宣布の詔」では「惟神の大道」の語が用いられているが、これは「神道」を指す語と受け取ることができる。

朕恭《うやうや》しく惟《おも》みるに、天神・天祖極を立て統を垂れ、列皇相承け、之を継ぎ之を述ぶ。祭政一致、億兆同心、治教上に明らかにして、風俗下に美なり。而るに中世以降、時に汚隆有り。道に顕晦《けんかい》有り。今や天運循環し、百度維れ新なり。宜しく治教を明らかにして、以て惟神の大道を宣揚すべきなり。因つて新たに宣教使を命じ、天下に布教せしむ。汝群臣衆庶、其れ斯の旨を体せよ。

だが、それは「大教」＝「治教」と同等のものとされている。また、この「大教宣布の詔」は、天皇による「皇道興隆の御下問」（一八六八年五月）に答えてまとめられたものという形をとっている。つまり、明治初年の段階でも、皇道と神道を一体とする見方はあった。この二つの文書では、「皇道」、「大教」、「治教」、「惟神の大道」がほぼ同等のものとして用いられているのだ。

「大教宣布の詔」は明治維新後の日本国家のあり方の基本を示したものであり、それは皇道＝神道と言い換えることもできるものだった。神聖天皇への崇敬を柱とする国家ということであり、それは国家形成の基本路線としてさまざまに具体化されていった。「天皇の祭祀」が体系化され、それにのっとった祝祭日の体系が作られ、靖国神社が作られ、軍人勅諭が定められ、「天皇の軍隊」が育てられ、教育勅語が定められ、天皇崇敬に焦点がある学校行事や教育が行われていった（拙著『神聖天皇のゆくえ』筑摩書房、二〇一九年）。

皇道の概念の後退と前面化

これらは、まさに皇道の理念の具体化なのだが、その後、近代国家の形成へ向かって行く明治政府の文書には、「皇道」の語はほとんど出てこなくなる。近代国家という外観を整えて行く上では、それは余計なものだったからだ。他方、「神道」の語は宗教政策に関わってしばしば登場する。そして、その場合、「神道」の語は「教派神道」や「神社神道」のような宗教施設や宗教集団と指すときに用いられていた。そこで、皇道と同等のものとしての神道の用法も隠れがちであった。しかし、同時期に神職養成の教育機関としては、一八八二年に「皇典講究所」と「皇學館」が設立されている。これらは「皇道」を教える機関であり、神社の祭祀を司る神職は「皇道」を学ぶ存在として捉えられていたのだ。

やがて潜在していた「皇道」の語、そして「皇道」と同等のものとしての「神道」の語が堂々と用いられるようになる。「皇道大本」を名乗った大本教はその早い例である。こうした動きを受けて、今泉定助は「拡充さるべき神道の意義」について語ったのだ。そしてこのような「神道の意義の拡張」は、本書で述べてきた、日露戦争から明治・大正の代替わりの時期における神聖天皇崇敬の増幅と国家神道の増強に支えられたものだ。明治神宮の創建はまさに帝都に皇道の威光を輝かす神道施設の設立だった。国家神道でもっとも重要な神社といえば伊勢神宮だが、それに続くのが、橿原神宮と靖国神社だった。明治神宮はこれらに匹敵する重みをもつ神社であり、それが宮中三殿のある皇居とともに帝都に位置することによって、国家神道の存在感は格段に高まった。折しも日露戦争で数多くの戦死者が合祀された靖国神社も著しく存在感を強めた時期である。

こうして帝都東京の空間における国家神道のプレゼンスは見違えるようなものになった。そして、明治神宮の鎮座祭が行われる一九二〇年に先立って、一九一九年、天照大神とともに明治天皇を祭神とする朝鮮神社（朝鮮神宮）が創建されている。明治天皇は大日本帝国の帝都東京と、朝鮮の旧都京城に神として臨在し続けることとなった。それを支えたのは明治政府の基本方針にそってもたらされ、ますます強化されていった神聖天皇崇敬だった。やがて昭和期になると「皇道」の語が再前面化するが、その基盤は日露戦争から明治神宮の創建の時期にがっしりと組み上げられ、踏み固められていったのだった。

あとがき

本書の諸章は、神聖天皇崇敬の高まりと帝都東京を中心とする国家神道の高揚を、日露戦争から明治・大正代替わりの時期に限定して示そうとしたものだ。日露戦争以後の時期に限定したのは、この時期が神聖天皇崇敬の歴史においても、国家神道の歴史においてもたいへん重要だと考えたからである。その時期の歴史的出来事といっても、扱った事柄は限定されている。ここで取り上げたのは、日比谷焼き打ち事件、大逆事件、南北朝正潤問題、伊藤博文の死、韓国併合と義兵、二重橋における祈願、明治天皇の死、乃木希典の殉死、明治神宮の創建の動きといった事柄だが、これらは神聖天皇崇敬と国家神道の強化という観点から重要なものとして選ばれている。

だが、焦点は政治史的出来事そのものではない。それらが天皇崇敬をめぐる人心にどのように作用したかというところにある。その意味で、本書が照らし出そうとしている歴史は、天皇と神道をめぐる「心の社会史」に焦点を当てたものである。その視角をとったのは、その後、敗戦に向けて進んでいく近代日本の歴史を考える上で、この視角から見える光景がたいへん重要なものだと考えたからである。こうした見通しについては、二つの拙著、『国家神道と日本人』（岩波書店、二〇一〇年）、『神聖天皇のゆくえ』（筑摩書房、二〇一九年）を参照していただければ幸いである。

また、日露戦争から大正初期という時期ではなく、他の時期における「国家神道」や「神聖天皇崇敬」について、また、神道史のなかで国家神道をどう捉えるかについては、論文を書き継いできており、いずれ学術的な著作にまとめていくつもりである。既発表の論文の書誌情報は、ウェブ上で「島薗進　宗教学とその周辺」に掲載している。http://shimazono.spinavi.net/wp/?cat=13

本書の本文24章は、春秋社から刊行されている月刊誌『春秋』とウェブ上の「はるとあき」に、二〇一六年一〇月から二〇一九年三月にかけて連載されたものがもとになっている。当初は大正期から昭和前期にかけてを扱うつもりだったが、書き始めると日露戦争から大正初期という時期の重要性をあらためて認識し、そこに焦点を合わせることとなった。

この連載にあたっては、春秋社の佐藤清靖氏と豊嶋悠吾氏にたいへんお世話になった。また、本書の内容については、何度も引用している書物の著者の方々、平山昇氏、佐藤一伯氏をはじめ、多くの方々からご教示をいただいている。阪本是丸氏をはじめとする国学院大学や皇學館大学の近代神道史研究者との研究交流に負うところも少なくない。個々の方々のお名前はあげないが、ここに感謝の気持ちを記して、筆をおく。

二〇一九年四月

島薗　進

【著者紹介】
島薗　進（しまぞの　すすむ）
1948年、東京生まれ。東京大学文学部卒業。東京大学大学院人文社会系研究科教授（宗教学）などを経て、現在、上智大学教授。東京大学名誉教授。専門は宗教学、日本宗教史。著書に、『宗教・いのち・国家』『宗教ってなんだろう？』（平凡社）、『宗教を物語でほどく』（NHK出版新書）、『いのちを“つくって”もいいですか？』（NHK出版）、『国家神道と日本人』（岩波新書）など、編著に『シリーズ日本人と宗教――近世から近代へ』全6巻（春秋社）、共著に『近代天皇論』『愛国と信仰の構造』（集英社新書）など多数。

明治大帝の誕生――帝都の国家神道化

2019年5月20日　第1刷発行

著　　者　島薗　進
発 行 者　神田　明
発 行 所　株式会社 春秋社
〒101-0021　東京都千代田区外神田2-18-6
電話　03-3255-9611（営業）
03-3255-9614（編集）
振替　00180-6-24861
http://www.shunjusha.co.jp/
装 幀 者　鈴木伸弘
印刷・製本　萩原印刷株式会社

ISBN978-4-393-29951-7　定価はカバー等に表示してあります